D1729964

Silvia Wallimann

Das Wunder der Meditation

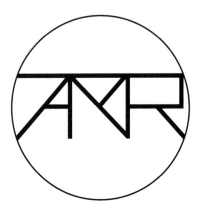

Silvia Wallimann

Das Wunder der Meditation

Tamaron Verlag
Postfach 50
CH-6078 Lungern
Tel. +041 679 78 79

Bibliografische Information der Deutschen Bibliothek

Die Deutsche Bibliothek verzeichnet diese Publikation
in der Deutschen Nationalbibliografie; detaillierte
bibliografische Daten sind im Internet unter
http://dnb.ddb.de abrufbar.

Mit 1 Farbtafel und 7 Zeichnungen

9. Auflage 2004
ISBN 3-908530-03-2
© 2004 by Tamaron Verlag, CH-6078 Lungern
(Früher erschienen im Verlag Hermann Bauer,
ISBN 3-7626-0330-8)
Umschlag: Peter Wallimann
Druck: Küchler Druck AG, CH-6074 Giswil

Printed in Switzerland

Inhalt

Teil II

Vorwort

Es erregt Erstaunen, daß in unserer Zeit, der doch die Naturwissenschaft ihren Stempel aufgedrückt hat, so viele Menschen wieder den Weg der Meditation suchen. Sind vielleicht Wissenschaft und Meditation zwar gegensätzliche, aber gleichwohl untrennbare Pole, zusammengehörig wie Tag und Nacht? In der Wissenschaft streben wir nach verstandesmäßigen, nachvollziehbaren Erklärungen, die möglichst objektiv, allgemeingültig und frei von persönlichen Wertungen und Gefühlen sein sollen. Unbestreitbar hat die Wissenschaft viele Einblicke in beweisbare Gesetzmäßigkeiten des Lebens ermöglicht – und sie hat unsere Welt in vielfältigster Weise verändert.

Der andere, viel ältere, ja seit Menschengedenken bekannte Weg der Erkenntnis, der Weg nicht in das äußerlich Meßbare, sondern das innerlich Erfahrbare, war zunächst in den Hintergrund getreten. Tatsächlich ist die Meditation in allem der Gegenpol zur Wissenschaft: Die Einsichten kommen aus der Intuition, nicht aus dem Verstand; sie sind nicht rational begreifbar, sondern wir müssen sie selbst erfahren, auch wenn Eingeweihte sie uns glaubwürdig kundtun. Sie sind subjektiv, das heißt auf den Menschen bezogen, nicht objektiv; Gefühle werden nicht ausgegrenzt, vielmehr gewinnt man die viel größere Sicherheit eben aus dem tiefen Gefühl: Es geht nicht um Meßwerte, es geht um Werte.

Wir beschäftigen uns in der Meditation nicht mit der Außenwelt, sondern mit dem Wichtigsten, mit unserem eigenen Wesen, und wir erleben, was die Weisen seit eh und je als das Wunder der Meditation verkünden: daß alle Schätze, alle Wahrheiten in unserem Innern sind. Wie sonst auch könnten Aussagen jahrtausendealter Schriften, die ohne unsere Form von Wissenschaftlichkeit entstanden, unverändert zu den tiefsten Einsichten zählen?

Die Meditation ist unabhängig von Alter, Geschlecht, Beruf, Rasse, Religion oder Weltanschauung. Deshalb ist sie geeignet, zu einem Bindeglied zwischen allen Menschen und allen Völkern zu werden. Sie zwingt in kein Schema; sie läßt jedem die Freiheit, seinen persönlichen Weg zu gehen.

Wenn wir die Lage unserer Welt betrachten, so scheint es, sie könnte nicht verzweifelter sein. Gibt es eine nachdrücklichere Aufforderung an die Menschen, zu einem neuen Gleichgewicht zu finden? Nutzen wir die verbliebene Chance! Bringen wir die beiden Pole in ein ausgeglichenes Verhältnis zueinander, beziehen wir den meditativen Weg der Erkenntnis wieder in unser Leben ein!

Teil I

Erste Erlebnisse

Bevor ich zu meditieren begann, traf ich, ohne Begegnungen zu suchen, immer wieder auf Menschen, die schon Meditationserfahrungen gemacht hatten. Anfänglich war ich darüber verärgert, daß ich mich ihnen gegenüber unterlegen fühlte. Ich beobachtete die Meditierenden und die Nichtmeditierenden genauer, und schon bald fielen mir Unterschiede in ihrem Verhalten auf. Ich stellte fest, daß die, die meditierten, in Problemsituationen überlegter reagierten als die anderen. Das faszinierte mich und machte mich neugierig.

Bei Diskussionen beispielsweise konnten sie dem Gesprächspartner besser zuhören, während es mir darauf ankam, vor allem die eigene Auffassung darzustellen und recht zu behalten. Sie akzeptierten auf natürliche Weise auch andere Meinungen und konnten, ohne darunter zu leiden, Fragen offen lassen. Häufig fühlte ich mich von solchen Menschen in unangenehmer Weise beobachtet, weil sie mich so konzentriert anschauten. Es dauerte eine Weile, bis ich bemerkte, daß sie mich keineswegs verunsichern oder in die Enge treiben wollten, sondern daß ihre Ruhe aus tieferen Schichten kam und sie deshalb so gesammelt und aufmerksam auf meine Argumente und auf mich als Menschen eingehen konnten.

Zum ersten Mal in meinem Leben wurde mir bewußt, wie sehr alles, was ich sagte, von der gedanklichen Logik bestimmt und auf Verteidigung ausgerichtet war. Sie begegneten mir mit ihrer Seele und ich ihnen mit dem Verstand. Aber ich begann deutlich zu spüren, daß darin nur ein Teil meines eigentlichen Wesens zum Ausdruck kam. Ein inneres Wissen, aus dem ich hätte Sicherheit gewinnen können, war noch blockiert. Als mir dies aufging, fühlte ich mich in meiner eigenen Haut nicht mehr wohl. Es drängte mich einerseits, häufiger Menschen mit Meditationserfahrung aufzusuchen, aber ich war auch immer wieder froh, wenn ich sie nach einer Weile verlassen konnte. Ich hatte den Eindruck, daß das, was sie sagten, mich jedesmal innerlich ein bißchen freier machte. Diese Erweiterung war nicht nur ein seelisches, sondern auch ein neues körperliches Empfinden, das sich in einem Gefühl überschüssiger Kraft ausdrückte. Oft rannte ich dann so lange durch den nahen Wald, bis ich mich wieder ausgeglichen fühlte. In den Meditationskursen, die ich später gab, stellte ich fest, daß solche Veränderungen des Bewußtseins auch bei anderen Menschen außergewöhnliche körperliche Aktivitäten oder aber Freudentränen auslösen können. Immer bezeugen diese Reaktionen eine Anpassung der verschiedenen Energieströme im Körperlichen und im Seelischen.

Als ich eines Tages in unserer Zeitung einen Hinweis auf Meditationskurse fand und eine Freundin mich ermunterte, mit ihr teilzunehmen, nutzte ich die Gelegenheit mitzumachen. Anfänglich hatte ich große Mühe, überhaupt ruhig zu sitzen, und immer wieder plagte mich irgendein Juckreiz. Doch

12

nach einigem Üben verlor sich der ständige Zwang, einen Körperteil zu bewegen. Die Meditationszeit kam mir jeweils wie eine Ewigkeit vor. Wenn ich die Augen schloß, stürmte eine Flut von Gedanken auf mich ein, denen ich mich hilflos ausgeliefert glaubte. Auch tauchten immer wieder längst vergessene Erinnerungen auf, und ungelöste Probleme bohrten in mir. Die anderen Kursteilnehmer schienen sich viel besser zu entspannen. Obwohl ich meinen ganzen guten Willen einsetzte, spürte ich doch gleichzeitig, daß die Verkrampfungen zunahmen.

Eines Tages war ich über meine mißglückten Meditationsversuche so deprimiert, daß mir alles gleichgültig wurde und ich die willentlichen Anstrengungen aufgab. Ich hörte einfach nur noch der Musik zu. In diesem Augenblick, als ich alle Bemühungen einstellte, geschah es. Plötzlich wurde mir ganz warm. Während sich in meinem Körper die Blockierungen lösten, fiel ich zunächst wie ins Bodenlose, wurde dann aber aufgefangen wie beim Öffnen eines Fallschirms. Ich empfand mich als leichten, ins Unendliche schwebenden Luftballon. Von meinem Körper spürte ich nur noch meinen Kopf. Im übrigen bestand ich aus zuvor nie erfahrenen Strömen von Schwingungen, die mein ganzes Wesen durchfluteten. Ohne den Körper zu empfinden, sah ich doch meine Organe, Zellen und Nervenbahnen. Mit einem anderen als meinem Normalbewußtsein nahm ich Bilder und verschiedenfarbige Impulse wahr, die mich wie ein leicht elektrisierender Strom durchfuhren. Ich erlebte ihn als einen Energiefluß in allen Organen, und eine neue Vitalität und Widerstandskraft ließen mich froh werden.

Ich verweilte in diesem Glücksgefühl. Es war für mich, wie wenn ich in meine Seele eintauchte. Schon nach wenigen Minuten, wie ich meinte, wurden wir vom Meditationslehrer zurückgerufen. In Wirklichkeit war fast eine Stunde verstrichen.

In den Tagen, die diesem schönen Erlebnis folgten, hungerte ich danach, die Erfahrung zu wiederholen und meditierte täglich bis zu zwei Stunden. Aber es gelang mir nicht einmal, meinen Körper und meine Gedanken ruhigzustellen, und hin und wieder tauchten sogar körperliche Schmerzen auf. Das überraschte und enttäuschte mich. Mein Meditationslehrer, darauf angesprochen, erklärte mir, daß der Körper Zeit brauche, um neue seelische Erfahrungen zu verarbeiten. Die seelische Entwicklung vollziehe sich manchmal so schnell, daß der physische Körper nicht Schritt halte. Der Mensch lebe in einem Energiefeld, dessen Schwingungen eine bestimmte Stärke und Frequenz, also Schwingungszahl hätten. Durch die meditativen Übungen erhöhe sich die Frequenz. Es könne dann zwischen den Schwingungsfeldern des Physischen und des unsichtbaren Feinstofflichen eine Disharmonie eintreten. Darauf reagiere der Körper manchmal mit Schmerzen, weil Fortschritte in der Meditation, also eine Veränderung in der Schwingungszahl, immer auch chemische Veränderungen im physischen Körper bewirken. Deshalb könne und dürfe das Erlebnis nicht in jeder Meditation gleich tief sein. Ein zu häufiges Meditieren gerade am Anfang sei genauso schädlich, wie wenn man zu viel esse oder trinke. Es gehöre zur geistigen Entwicklung, das individuelle Maß herauszufinden und sich diszipliniert daran zu

14

halten. Entscheidend für das Vorankommen sei nicht die Dauer, sondern die Regelmäßigkeit der Übungen. Er rate mir, anfänglich nicht mehr als zehn Minuten täglich, möglichst zu gleicher Zeit, zu meditieren.

Lange Zeit beschäftigte mich die Frage, warum der gute Wille das Gegenteil auslösen kann von dem, was mit großem Einsatz ehrlich angestrebt wird. Wie oft auch hörte ich Menschen sagen, wenn sie ein für sich oder andere gesetztes Ziel nicht erreicht hatten: »Mein guter Wille war doch wirklich vorhanden, und wieviel Mühe habe ich mir gegeben!« Erst viele Jahre später erhielt ich dazu in einer Meditation die folgende Erklärung:

Im allgemeinen spricht der Mensch vom guten Willen, als gäbe es nur einen. In Wirklichkeit aber gibt es einen guten Willen im Verstandesbereich und einen im seelischen Bereich. Der gute Wille des Verstandes drückt immer aus, daß der Mensch aus seinem Ich-Bewußtsein heraus etwas will und das Ego die Führung übernimmt. Der gute Wille der Seele genügt sich selbst. Die beiden guten Willen sind in ihren Schwingungen so unterschiedlich wie Tag und Nacht. Beide sind nötig. Viele Menschen setzen oft nur den verstandesmäßigen guten Willen ein, der natürlich immer auch an die Grenzen des Verstandes stößt, im Gegensatz zum guten Willen der Seele, die diese Grenzen nicht kennt.

Wenn der aus dem Ego stammende gute Wille sein Ziel nicht erreicht, nimmt das Unterbewußtsein dies als eine negative Erfahrung, als ein

Versagen auf und schwächt dadurch das gesunde Selbstbewußtsein des Menschen. Es entstehen Ängste und Zweifel. Diese Energien können sich derart verstärken, daß das Ego zunächst einen noch kräftigeren Willen im Menschen entstehen läßt. Das kann oft über Jahre hinweg zu einer körperlichen oder seelischen Überanstrengung führen. Die negativen Erfahrungen müssen sich zwangsläufig häufen, weil der Verstand immer aktiver wird. Doch der seelische gute Wille, das eigentliche geistige Gesetz im Menschen, möchte sich verwirklichen. Es hängt von der seelischen Konstitution ab, wie lange sich der Ich-Wille durchzusetzen vermag. Das eigentliche Wesen des Menschen will ihn zum geistigen Ziel hin-führen. Dieser Entwicklungsprozeß dauert so lange, bis der Ich-Wille losläßt und sich das Ego mit der Seele vereint. In diesem Augenblick ist der Mensch reif geworden, sich aus dem See-len-Willen führen zu lassen. Erst jetzt ist er fähig, seinen Ich-Willen als Werkzeug des geistigen Ge-setzes zur Lösung eines Problems einzusetzen.

Ein Mensch leidet über viele Leben hinweg so lange, bis er imstande ist, den Ich-Willen als Werkzeug des Geistes zu betrachten, und bis er begreift, daß der Seelen-Wille der göttliche Wille ist. Dieses Begreifen ist auch das Ziel, auf das der Mensch in der Meditation hinarbeitet. Wenn er etwas mit dem guten Willen des Verstandes er-reicht, ist er sich hauptsächlich des Erreichten bewußt. Wenn ihm etwas aus dem Seelischen heraus gelingt, wird er sich des göttlichen Willens bewußt.

Wenn wir etwas aus dem guten Willen der Seele bewirkt haben, und mag das Ergebnis noch so klein sein, schaffen wir Raum für den göttlichen Funken in uns und erkennen immer deutlicher, daß wir in Gott ruhen und Gott in uns. Solche Erfahrungen führen uns mit der Zeit in das Verständnis der allumfassenden Liebe hinein. Dann suchen wir nicht mehr Liebe, Verständnis und Güte, sondern wir werden und sind Liebe, Verständnis und Güte. Das Geben hebt das Nehmen auf, weil uns aus dem geistigen Bewußtsein alles Nötige automatisch zufließt.

Ich folgte dem Rat meines Lehrers und war erleichtert, daß ich mit kurzen Meditationen von zehn Minuten schrittweise vorankommen konnte. Ich lernte bei ihm und später durch meine geistigen Helfer eine Vielzahl von verschiedenen Übungen kennen, die ich in der Form von Anleitungen im zweiten Teil dieses Buches schildere. Wenn Sie in Ihrer Lektüre zu diesem Teil kommen, lesen Sie ruhig alle Übungen zunächst einmal durch und probieren Sie an verschiedenen Tagen möglichst immer zur gleichen Uhrzeit jeweils eine aus und versuchen Sie, Ihre Lieblingsübung herauszufinden. Verweilen Sie dann diszipliniert beim ersten Schritt dieser Übung und gehen Sie zum nächsten erst über, wenn Sie sich den vorangegangenen vollständig zu eigen gemacht haben. Legen Sie sich keine Fesseln an, indem Sie versuchen, einen Schritt innerhalb von bestimmten Wochen oder Monaten zu erarbeiten. Sie stehen absolut unter keinem Leistungszwang. Lediglich die Regelmäßigkeit der

Übungen ist wichtig. Es ist sogar ratsam, möglichst lange beim ersten Schritt einer Übung zu bleiben, denn dadurch erarbeiten Sie sich eine bessere Grundlage für Ihr weiteres Vorankommen. Dies kann ich nicht nachdrücklich genug betonen.

Bei jeder Übung werden neuartige Schwingungen in Ihnen erzeugt, auch wenn Sie sie zunächst noch nicht empfinden. Wegen der noch ungewohnten Gefühle ist es wichtig, daß Sie der Anfangsphase jeder Art von Übung eine hinreichend lange Zeit widmen; denn – ich wiederhole es – sie stellt das Fundament dar, auf das sich die weiteren Schritte aufbauen. Erst wenn die Anfangsübung ein Teil von Ihnen selbst geworden ist und Sie völlig selbstverständlich mit ihr leben, verlieren Sie das Gefühl, die nachfolgenden Schritte seien schwieriger. Bei der Übung mit der brennenden Kerze beispielsweise ist es allemal sinnvoll und hilfreich, wenn Sie zunächst nichts weiter tun, als die Kerze zu fixieren.

Am Anfang mögen Sie immer wieder unter dem Eindruck stehen, keine Fortschritte zu machen. Ich versichere Ihnen, daß jede Gedankenkonzentration Sie weiterbringt, an welcher Stelle Ihrer Übungen Sie auch stehen. Bevor etwas Neues das Licht der Welt erblickt, liegt es verborgen in einem Schoß, sei es beim Menschen, beim Tier oder bei den Pflanzen. Ein Samenkorn ruht oft lange in der Erde, bis die Scholle durchbrochen und der Keimling sichtbar wird. Und doch ist die Zeit unter der Erde entscheidend für seine Entfaltung. Manchmal werden wir auf unserem Meditationsweg auch daran erinnert, daß eine Geburt nie ohne Schmerzen möglich ist.

18

Jeder Augenblick, den Sie in einer Meditation verbringen, fördert Ihre seelisch-geistige Entwicklung. (Mit den Bezeichnungen »geistig« oder »Geist« beziehe ich mich in diesem Buch in aller Regel nicht auf den Verstand, der bei der Dreiheit Körper-Seele-Geist dem physischen Körper zuzuordnen ist, sondern auf den Geist des Menschen im Sinne seines Hohen Selbst, des göttlichen Funkens in ihm. Ich verweise auf das Kapitel »Die drei Körper des Menschen« in meinem Buch »Brücke ins Licht«.) Sie können also immer in der ruhigen Gewißheit meditieren, daß keine Minute vertan ist. Messen Sie die so verbrachte Zeit nicht an äußerlich sichtbaren Erfolgen. Sie bestellen das Feld um so besser, je mehr Sie sich von Erwartungen, von Hoffnungen und vom guten Willen des Verstandes freimachen.

Wenn Sie einmal das Gefühl haben, an gewisse Grenzen zu stoßen, soll Sie das nicht abhalten, auch weiterhin mit den Übungen fortzufahren. Es werden immer Schwingungen in Ihnen aktiviert, mögen sie auch erst später erkennbar werden. Es ist wichtig, wenn Sie an eine Grenze stoßen, nicht aufzugeben und nicht gefühlsmäßig enttäuscht zu sein. Im Gegenteil, Sie sollten versuchen, alle Wünsche loszulassen, sich ganz hinzugeben, zu fühlen, daß die kosmischen Schwingungen Sie durchfließen und Sie in ihnen aufgehoben sind. Wir Menschen müssen uns durch alle Schichten hindurch entwickeln, denn nach dem geistigen Gesetz wird niemandem etwas geschenkt. Alles muß erarbeitet werden. Das ist die Last, die wir zu tragen haben. Meditieren heißt auch, sich in Geduld üben. Sobald

Sie eine Schwierigkeit überwunden haben, wird vieles von Ihnen abfallen, und erleichtert setzen Sie Ihren Weg fort.

Es schmerzt mich fast ein wenig, daß ich all dies in so banalen Worten ausdrücken muß. Denn nur allzu gern würde ich Ihrer Seele schon jetzt ein kleines bißchen von dem zu kosten geben, was an schönen und tiefen Erlebnissen auf jeden wartet, der lange genug in Liebe und Geduld den Weg der Meditation gegangen ist.

Natürlich können Sie, wenn Sie mögen, schon an dieser Stelle des Buches zu einer der praktischen Übungen übergehen, wie sie im zweiten Teil beschrieben sind. Und während Sie auf diese Weise schon ab heute jeden Tag für die Meditation nutzen, vertiefen Sie nach und nach mit der weiteren Lektüre des ersten Teils das Verständnis für Ihr Tun.

Unsere geistigen Energiezentren (Chakras)

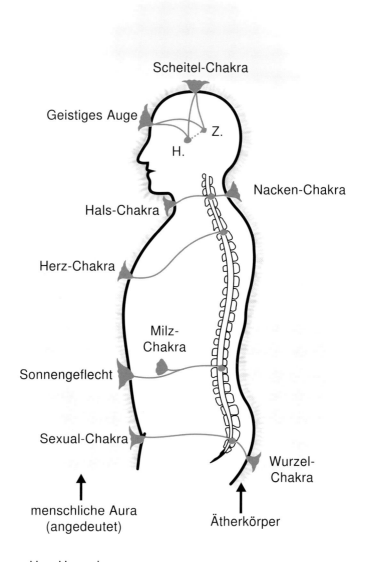

Scheitel-Chakra

Geistiges Auge

Z.

H.

Nacken-Chakra

Hals-Chakra

Herz-Chakra

Milz-
Chakra

Sonnengeflecht

Sexual-Chakra

Wurzel-
Chakra

menschliche Aura
(angedeutet)

Ätherkörper

H. = Hypophyse
Z. = Zirbeldrüse
● = Energiepforte

Feinstoffliches

Einige Jahre waren seit dem Besuch meines ersten
Meditationskurses vergangen. Da erblickte ich in
einer Übung vor meinem geistigen Auge – es ist ein
Sehen wie im Traum –, daß eine bläuliche, wenige
Zentimeter dicke Schicht als Energiefeld meinen
ganzen physischen Körper umhüllt. Darin eingebettet waren an gewissen Stellen blütenähnliche
Gebilde, die wunderschön aussahen. Ich konnte
mir diese Bilder nicht erklären. Damals getraute ich
mich noch nicht, mit anderen über solche Erlebnisse
zu sprechen. Erst viel später, als ich in meinen Meditationen Fragen stellen und Antworten erhalten
konnte, erfuhr ich, daß diese Blüten, die eine Verbindung zur Wirbelsäule haben, unsere feinstofflichen Organe, unsere Energiezentren sind. Als ich
einige Zeit danach in einem Buch las, daß man sie
in Indien mit Lotosblumen vergleicht, fand ich
dieses Bild sehr treffend.

Die Energiezentren, bei den Indern seit Jahrtausenden Chakras genannt, versorgen unseren Körper
mit lebenswichtigen Energien aus dem Kosmos,
und sie kanalisieren die kosmische Lebenskraft auf
ihrem Weg über die Drüsen in den physischen
Körper. Die trichterähnlichen Öffnungen der Chakras liegen an der Oberfläche des Ätherkörpers,
und die Stengel der Blüten sind im Rückenmark

verwurzelt. Die Energiezentren stehen in Verbindung mit unserem Nervensystem und den anliegenden Organen. Das Scheitelzentrum steht mit der Zirbeldrüse, der Hypophyse und dem zerebralen Nervensystem in Verbindung.

Die bläuliche Hülle, die die Chakras beherbergt, nennt man den Ätherkörper. Er wirkt wie eine Schutzhaut sowohl gegenüber schädlicher kosmischer Einstrahlung wie gegenüber Krankheitskeimen. Negative Gedanken und Ängste bringen den gleichmäßigen Fluß der Energien im Ätherkörper in Unordnung. In der Meditation dehnen sich die Chakras aus, und ihre Schwingungszahl erhöht sich. Wir sollten eine möglichst gleichmäßige Entwicklung aller Energiezentren anstreben. Sie sind es, die uns im Laufe der Zeit in die Lage versetzen, auch ohne unsere fünf Sinne, also außersinnlich, wahrzunehmen.

Wie aus der Zeichnung ersichtlich, liegt am untersten Ende der Wirbelsäule, am Steißbein, *das Wurzelchakra*. Mit ihm ohne Anleitung zu arbeiten, ist sehr gefährlich, weil in ihm geballte Energien ruhen, die nur gemäß der Entwicklung des Bewußtseins geweckt werden dürfen. Wenn man mit Übungen gewaltsam dieses Energiereservoir aufbricht, kommt es zu einer totalen Überforderung des darauf nicht vorbereiteten Körpers und zu schwersten Krankheiten. Ich bin mit Menschen in Kontakt gekommen, die unter solchen Folgeerscheinungen litten und oft jahrelang in psychiatrischen Kliniken behandelt werden mußten. Ich warne also den Leser, die sogenannte Kundalini-Kraft ohne Anleitung durch eine befähigte Lehrerpersönlichkeit auszulösen. Die Auswirkungen sind häufig irreparabel. Vor allem ist von Lehrgängen zu Hause nach Kundalini-Büchern oder -Kassetten dringend abzuraten.

Wer unter Rückenschmerzen leidet, sollte das Wurzelchakra mehrmals täglich schließen, indem er etwa zehnmal die Hände nebeneinander hinten auf das Steißbein legt und sie dann auseinanderzieht, über das Becken seitlich bis zur Hüfte.

Das Sexualchakra, das über den Genitalien liegt, sollte ebenso wie das Wurzelchakra in den anfänglichen Meditationen außer Betracht bleiben. Arbeiten Sie auch mit diesem Chakra nur nach spezieller Anleitung.

Das Milzzentrum hat seine Öffnung nach vorne über der Milz, und sein Blütenstengel verbindet sich mit dem des *Sonnengeflechts.* Dieses Chakra, auch Solarplexus genannt, liegt in der Bauchgegend, etwas oberhalb des Nabels. Das Schließen dieses Energiezentrums ist von besonderer Wichtigkeit, da es als Empfindungszentrum die meisten Schwingungen aufnimmt, zum Beispiel Schlechtwetter-Energien und Ausstrahlungen unguter Stimmungen anderer Menschen. Besonders ratsam ist das Schließen dieses Chakras, wenn man größere Versammlungen aufsucht. Legen Sie etwa zwei- bis dreimal beide Hände übereinander vor den Bauch, aber im Abstand von einigen Zentimetern zu ihm, und streichen Sie sie dann seitwärts auseinander nach beiden Seiten des Körpers. *Das Herzchakra* liegt in der Mitte der Brust, *das Halszentrum* vorn in der Mitte des Halses, *das Genickzentrum* im Nacken. Hals- und Genickzentrum sind miteinander verbun-

den und daher vielfach als ein einziges Zentrum an-
gesehen, das auch als Kehlkopfzentrum bezeichnet
wird. *Das Stirnzentrum*, auch drittes oder geistiges
Auge genannt, liegt über der Nasenwurzel und *das
Scheitelchakra* am obersten Punkt des Kopfes.

Wir können die Energiezentren mit dem Sonnengeflecht zusammen durch eine einzige Übung
schließen: Wir halten zunächst beide Hände in der
Magengegend übereinander, ohne daß sie den Körper berühren; wir behalten sie übereinander und
fahren mit ihnen immer in einigen Zentimetern
Abstand den Körper hoch über den Kopf, den
Scheitel, bis hin zum Genick. Dann lösen wir die
Hände voneinander und gehen zurück in die An-
fangsposition. Dieses Streichen über den Ätherkörper wiederholen wir zehn- bis fünfzehnmal. Ich
möchte es bekräftigen: Wir sollten täglich mindestens zweimal, nämlich nach dem Erwachen und
vor dem Zubettgehen, vor allem aber nach jeder
Meditation, die Energiezentren auf diese Weise
schließen. Das ist sehr wichtig. Sie müssen nicht
daran glauben. Sie sollten es einfach tun.

Das Schließen bewirkt auch eine Magnetisierung,
eine Aufladung und zugleich eine Harmonisierung
des ätherischen Energiefeldes. Damit wird die
Schutzfunktion des Ätherkörpers gestärkt, so daß
wir widerstandsfähiger werden, zum Beispiel bei
Grippe-Epidemien und ansteckenden Krankheiten,
die unsere Welt heute so beunruhigen. Während
das Schließen also von außen her den Energiekörper
auflädt und eine Stärkung des Immunschutzes bewirkt, löst es gleichzeitig über die Hirnzentrale von
innen Reaktionen aus. Die Organbewußtsein werden

24

angesprochen. Vom Gehirn aus gehen Befehle an die Organe. Die so erzeugte Gedankenenergie regt ihre Tätigkeit an und reguliert vor allem die Drüsensekretion im ganzen Körper. Ein Magnetopath, der über besonders starke magnetische Heilkräfte verfügt, erzielt vergleichbare Wirkungen, indem er mit seinen Händen Streichbewegungen über den Körper des Patienten ausführt. Er überträgt die magnetisch aufgeladenen Energieströme seines Ätherkörpers auf den Ätherkörper des Besuchers. Im allgemeinen ist nicht bekannt, daß jeder Mensch denselben Effekt mit regelmäßig vorgenommenen Schließübungen auch selbst erreichen kann.

Angst ist eine Energie, die wie dickflüssiger klebriger Schleim in die Ätherhülle fließt und die Durchlässigkeit sowie die Elastizität des Ätherkörpers beeinträchtigt. Die lebenswichtigen kosmischen Energien fließen dem physischen Körper nur noch spärlich zu, was bewirkt, daß die harmonischen Energieströme durcheinander geraten. Die Angstfrequenz in den Organen verbindet die pulsierenden Energien zu Klumpen, die wie Hagelkörner aussehen. Der Austausch aller lebenswichtigen Kräfte wird mit der Zeit so sehr verringert, daß das betroffene Organ nur noch teilweise seine Funktion ausüben kann. Im wahrsten Sinne des Wortes lähmt die Angst unsere Gesundheit.

Negative Gedanken sind wie Wolkengebilde, die in der äußeren Welt die Bläue des Himmels verdecken und in der inneren Welt, im Körperorganismus, die Chakras und die Organe mit schlechter Lichtqualität durchströmen, ja sie sogar einhüllen wie Nebelschwaden. Dauern die negativen Gedankenphasen über eine längere Zeitspanne hinweg an, wird die Polarität der elektrischen und magnetischen Strömungen im Organ selbst und nach einer gewissen Zeit auch in den feinstofflichen Bereichen gestört. Die Energieflüsse werden durch die Gedankenstaumauern so sehr blockiert, daß die davon betroffenen Organbereiche teilweise unter- und überfunktionieren. Dies erzeugt Druckzustände in den Organen, Muskeln und Nerven, zum Beispiel Kopfschmerzen oder einen Stau im Verdauungsbereich.

Leider neigt der Mensch dazu, bei einer solchen Störung, auch wenn sie noch keine Krankheit, sondern nur Müdigkeit und Unwohlsein bewirkt, schon zu Medikamenten zu greifen. Sie lassen im Organ die Notsignale verstummen und verhindern eine natürliche kosmische Ausgleichung. Die Kopfschmerzen sind beispielsweise verschwunden, aber die Ursache ist nicht behoben. Hätten wir bessere Kenntnis von den Funktionen der feinstofflichen Körper und Organe, müßten viele Krankheiten nicht ausgetragen werden. Wir wären dann ohne Medikamente fähig, durch die Kraft unserer Gedanken eine natürliche Verbindung zu unseren Organen herzustellen.

Außer im Krankheitsfall beschäftigt sich der Mensch im allgemeinen weder mit seinen Organen noch mit seinem eigentlichen Wesen, so daß er sich nicht als Einheit spürt und nur aus dem Ich-Bewußtsein heraus lebt, ohne die Organbewußtsein miteinzubeziehen. Wie ich im Kapitel »Meditation als Therapie« ausführe, hat jedes Organ ein eigenes Bewußtsein, das ansprechbar ist. Es wäre eine große

26

Hilfe, würden wir beispielsweise mit unserer Vorstellungskraft Licht und Harmonie durch die Wirbelsäule fließen lassen. Beim Einatmen sollte man sich vorstellen, daß Licht durch das Genickzentrum die Wirbelsäule entlang nach unten strömt, und beim Ausatmen sollte man den rückwärts fließenden Strom, also vom Wurzelzentrum nach oben, mit der Gedankenenergie Gesundheit aufladen. Da die Wurzeln der Energiezentren in der Wirbelsäule verankert sind, werden sie von diesen Gedankenenergien durchströmt. Gleichzeitig verbinden sich beim Einatmen die elektrischen Felder des Kosmos mit der körpereigenen Elektrizität, während wir beim Ausatmen unser magnetisches Feld mit dem Erdmagnetismus verbinden.

Wenn wir von Angst oder negativen Gedanken sprechen, müssen wir uns bewußt sein, daß diese auch durch gehabte Beschwerden entstehen können. Hat zum Beispiel jemand eine bestimmte Krankheit überwunden, besteht die Gefahr, daß er beim Auftreten des leisesten Symptoms denkt: »Das wird doch hoffentlich nicht wieder das alte Leiden sein!« Die Gewohnheit, die Gegenwart mit der Vergangenheit zusammenzubringen, ist eine der Hauptquellen für neues Leid. Ich gehe darauf im nächsten Kapitel ausführlicher ein. Wenn es uns nur einmal in bezug auf eine Beschwerde gelingt, dieses »Das wird doch hoffentlich nicht …« zu überwinden, ist schon ein großer Schritt getan.

Die wenigsten Menschen wissen, daß zum Beispiel auch ein oberflächliches Atmen zu Störungen führen kann, da der Atemstrom für die richtige Aufladung der Lebenskräfte in den feinstofflichen und grobstofflichen Organen in erster Linie verantwortlich ist. Dunkle Gedanken sind geballte Energien, die sich wie einschlagende Blitze in den Organen entladen. Sie hemmen auch den natürlichen Atemfluß, und nach einer gewissen Zeit wird Krankheit erzeugt. Ich glaube, daß der Vorläufer jeder Krankheit eine der beschriebenen Störungen ist: Angst, negatives Denken, oberflächliches Atmen. Gott hat mit unseren Krankheiten nichts zu tun, denn sie sind nur Ausdruck davon, daß wir durch die Entwicklung unseres freien Willens aus dem Schoße der göttlichen Harmonie herausgefallen sind. Die Krankheiten sind dafür das Zeugnis. Aber sie bilden auch die Stufen, über die wir zurückkehren können in die unendliche göttliche Harmonie.

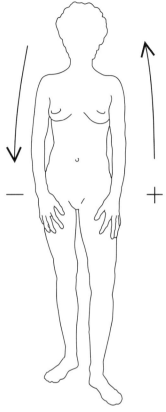

Als ich zum ersten Mal in der Versenkung meinen Ätherleib sah, erblickte ich außerdem zwei in verschiedene Richtungen gehende Energieströme meines Körpers, wie sie auf den Zeichnungen angedeutet sind. Ich sah einen roten Strom auf der linken Körperseite von unten nach oben fließen, den ich als den aktiven, den Plus-Pol empfand. Er bewegte sich als blaue Energie auf der rechten Körperseite wieder nach unten, und ich erkannte dies als den passiven, den Minus-Pol.

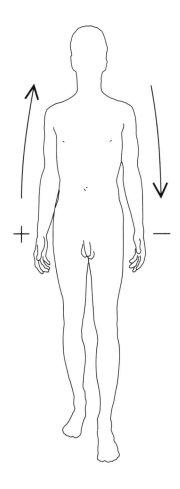

Wie ich in einer späteren Meditation sah, verläuft dieser Energiestrom beim Mann in umgekehrter Richtung, also rot vibrierend von rechts unten hoch und blau vibrierend auf der linken Seite wieder hinunter.

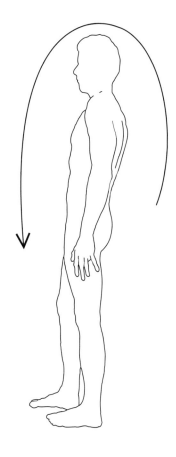

Der zweite Energiestrom bei mir floß aus dem Wurzelzentrum die Wirbelsäule hoch und über Kopf und
Brust auf der Vorderseite wieder nach unten.

31

Weder die Chakras noch diese unsichtbaren, feinstofflichen Energieströme konnten bisher in unserer Medizin, die sich auf das naturwissenschaftlich Meßbare beschränkt, eine Rolle spielen. In diesem Zusammenhang möchte ich auch die Aura erwähnen, jene feinstoffliche Ausstrahlung des Menschen, in der sich seine Gedanken und Gefühle, aber auch sein Charakter und sein Gesundheitszustand als Farben und Formen ausdrücken. Die Aura ist ein den Menschen umhüllendes eiförmiges Gebilde von verschiedener Größe, Leuchtkraft und Farbgebung und kann in ihrer Ausdehnung die mehrfache Länge und Breite des physischen Körpers erreichen. Starke geistige oder emotionale Aktivität beispielsweise dehnt die Aura aus und verändert ihr Farbenspiel. Während heftige Gemütsbewegungen schnell wechselnde Farbbilder erzeugen, stellen sich feste Charakterzüge als gleichbleibende Grundfarbtöne dar. Die Strahlen der Gesundheitsaura sind vor allem in Körpernähe sichtbar und erlauben dem geschulten Seher in erster Linie durch ihre Ausrichtung Rückschlüsse.

Schon über das Wunderwerk des physischen Körpers, in den wir durch die Naturwissenschaft einzigartige Einblicke gewannen, konnten wir in der Vergangenheit nicht genug staunen. Das Bild des Ätherleibs und der Aura, das sich dem hellsichtigen Auge zeigt, ist in seinen Formen, seiner Leuchtkraft, seinen wechselnden Farbnuancen noch einmal von ganz anderer Faszination – und von tiefer Aussagekraft für die Gesundheit. Im neuen Zeitalter, in dem immer mehr Menschen lernen, ihre Hellsichtigkeit zu wecken, werden die feinstofflichen Energieströme und die Aura eine selbstverständliche Realität für jedermann sein, an der auch die medizinische Forschung nicht mehr vorbeizugehen vermag. Man wird sich verwundert fragen, warum die Öffentlichkeit so spät erst von jenen Erscheinungen Kenntnis nimmt, die doch von den Sehern in Ost und West seit eh und je bezeugt wurden. Die Wissenschaft der Zukunft wird durch die neue Aufgeschlossenheit ungeahnte Fortschritte gerade auch in der Zusammenarbeit mit medial begabten Menschen erzielen.

In diesem Buch über die Meditation greife ich das Thema der feinstofflichen Körperwelt auch deshalb auf, weil sich in ihr nicht nur die physische, sondern auch die seelische Gesundheit spiegelt und zugleich, was das Ziel jeder meditativen Übung ist: die Bewußtseinsentwicklung. Die Chakras zeigen durch ihren freien oder blockierten Energiefluß dem geistigen Heiler den seelischen Zustand eines Menschen an, lange bevor eine körperliche Störung sich bemerkbar macht. Die Ausdehnung der Chakras verläuft parallel mit der Erweiterung des Bewußtseins, und diese spirituelle Entwicklung bildet sich unmittelbar in der Schönheit der menschlichen Aura ab.

Wenn ich in Gegenwart eines anderen Menschen meditiere und Einblick habe in seine feinstofflichen Bereiche, mache ich immer wieder neue, überraschende Erfahrungen. Ich erinnere mich, wie ich einmal meinen Meditationspartner plötzlich in Millionen von Atomen aufgelöst sah, so daß mich wie ein Blitz der Gedanke durchfuhr: »Mein Gott, er wird doch hoffentlich nicht zerfallen!« In diesem

Augenblick traten die Chakras vor mein geistiges Auge, und ich sah, daß sie es waren, die Sorge trugen für den Zusammenhalt der millionenfach leuchtenden, winzigen tomographischen Punkte. Als ich dann eine Lichtgestalt erblickte, die ihr geistiges Auge auf das Herzzentrum meines Besuchers richtete, sah ich in der Mitte seiner Brust einen wunderschönen, weißglühenden Diamanten von etwa acht Zentimeter Durchmesser. Er funkelte gleichzeitig in allen Spektralfarben, während er sich pulsierend bewegte, im Wechsel nach vorn heraustretend und wieder zurückschnellend in die »Fassung« des Herzenergiezentrums. Oberhalb davon erstrahlte ein etwas kleinerer blauer Edelstein, der blaues Licht in Richtung auf den Diamanten aussandte. Rechts und links vom Herzzentrum befanden sich zwei Felder voller schillernder, winzig kleiner Steine. Auf der Stirn, dem geistigen Auge meines Besuchers, erblickte ich ein leuchtendes Kreuz. In solchen Augenblicken denke ich oft: »Wie schön wäre es, wenn ich diese Bilder malerisch oder fotografisch festhalten könnte!«

Raum und Zeit

Wenn ich in meinen Meditationen in eine trance-ähnliche Versenkung geriet, sah ich immer öfter Bilder aus der Zukunft, der Vergangenheit und der Gegenwart anderer Menschen. Ich fragte mich, wie es möglich war, die Grenzen des Verstandes zu überschreiten und Geschehnisse außerhalb meiner normalen Raum- und Zeitbegriffe wahrzunehmen. Ich will im folgenden versuchen, das darzustellen, was ich mir im Laufe der Zeit an Erklärungen erarbeiten konnte.

Durch die Versenkung bringe ich mich in ein anderes Bewußtsein, und in diesem Bewußtsein erfahre ich andere Dimensionen als unsere raumzeitliche, dreidimensionale physische Wirklichkeit, das heißt: In diesen Dimensionen gelten die irdischen Gesetze von Raum und Zeit nicht. Beide, Raum und Zeit, sind gesetzmäßig voneinander abhängig. Die Zeit ist an den Raum gebunden und existiert nur im räumlichen Denken. Dieses räumliche Denken, das Raumerleben, löst sich in der tiefen Meditation, in der Bewußtlosigkeit und im Schlaf auf. Wenn wir in der Nacht aus dem Tiefschlaf erwachen, wissen wir nicht, wieviel Zeit wir im Schlaf verbracht haben, und wenn wir uns an einen Traum erinnern, wundern wir uns, daß wir blitzartig Städte und Kontinente wechseln konnten. Wir haben also mit einem anderen als dem normalen Wachbewußtsein, das auch Tagesbewußtsein genannt wird, wahrgenommen, nämlich mit dem höheren, dem Seelenbewußtsein.

Im normalen Alltag ist unser Wissen aufgespalten in das, was uns im Tagesbewußtsein gegenwärtig ist, und in das, was vergessen, also unbewußt ist. In plötzlich auftauchenden Erinnerungen wird diese Grenze vom Unterbewußtsein zum Bewußtsein immer wieder durchbrochen. Wir leben also normalerweise zunächst in dieser Polarität von Wachbewußtsein und Unterbewußtsein, bei dem das Unterbewußtsein als Sammelbecken aller gemachten Erfahrungen funktioniert. Wann immer wir etwas Neues erleben, erinnert sich unser Erfahrungs-Unterbewußtsein an ähnliche Vorgänge und will die neue Erfahrung im Lichte der alten einordnen. Dieses Erinnerungs-Unterbewußtsein ist an Raum und Zeit gebunden und kann nur an Gewesenes anknüpfen. Es besitzt nicht die Fähigkeit, über diese Grenzen hinauszugehen.

Nehmen wir ein Beispiel! Ein Kleinkind beobachtet mit großer Angst die Atemnot seines Großvaters. In erzieherischer Absicht wird ihm gesagt, der Grund dieser Krankheit sei das Rauchen. Wenn dieses Kind heranwächst und zu rauchen beginnt, sagt ihm sein Erinnerungs-Unterbewußtsein: »Rauchen erzeugt Asthma.« Damit wird das Bewußtsein der Lunge auf Asthma programmiert. Wenn sich außerdem die Angstenergie aus dem Kindheitserlebnis erhalten hat und in das Verstandesbewußtsein tritt, verstärkt dies die Programmierung des Lungenbewußtseins auf Asthma und öffnet den Weg zu dieser Krankheit. In den meisten dieser Fälle wirken die Programmierungen aus dem Erinnerungs-Unterbewußtsein und die aus einem Schockerlebnis herrührende Angstenergie zusammen. Nehmen wir an, in dem geschilderten Beispiel wird dem verängstigten Kind als Grund der Atemnot des Großvaters nicht das Rauchen, sondern Beschwerden im Rücken genannt. Wenn jetzt das Kind bis in das Erwachsenenalter hinein keine gegenteiligen Informationen erhält, würden schon leichte Rückenschmerzen, die zum Beispiel durch Gartenarbeit auftreten, Asthma auslösen können.

Erzieherisch richtig wäre es gewesen, dem Kind keine Zwangsläufigkeiten zu suggerieren wie: Rauchen oder Rückenschmerzen erzeugen Asthma, sondern ihm zu erklären, daß Asthma viele Gründe haben und durchaus auf verschiedenste Weise auch wieder verschwinden kann. Hat jemand als Kind für eine Krankheit nur einen Grund genannt bekommen und gespeichert, ist er darauf viel zu eng festgelegt. Tauchen dann ihre Symptome auf, nimmt er die Krankheit als gegeben hin und schickt sich in sie, weil das Erinnerungs-Unterbewußtsein ihm keine gedanklichen Lösungen, keine Auswege aus der Krankheit anbieten kann. Selbst wenn man ihm raten würde, diesen oder jenen Heilungsweg zu versuchen, wird er diese Anstrengung zwar unternehmen, aber im tiefen Innern von der Nutzlosigkeit überzeugt sein. Sein Erinnerungs-Unterbewußtsein suggeriert ihm: »Es wird nichts nützen. Es hat auch beim Großvater nichts geholfen.«

Wir unterliegen solchen Fehlprogrammen, wenn wir uns der Abgeschlossenheit eines jeden Ereignisses nicht genügend bewußt sind und uns stets mit anderen Menschen vergleichen, obwohl doch jeder von uns eine Individualität ist. Alles an Negativem, was uns zustößt, ist im Grunde einmalig. Aber wenn wir nur im Tagesbewußtsein leben, bringt das unbewußte Erinnerungsreservoir uns immer wieder in Verbindung mit der Vergangenheit. Im Grunde genommen versagen wir uns das Geschenk, daß jeder Tag ein neuer Anfang ist. Gerade auf dem Feld der Gesundheit bewirkt dieser unbewußte Mechanismus, daß die energetische Hülle der Abgeschlossenheit eines Ereignisses porös wird, so daß die negative Erinnerung als krankmachende Energie in das Bewußtsein eines Organes fließen kann.

Natürlich wirkt das Erinnerungs-Unterbewußtsein mit seinem Aufgebot an negativen Erfahrungen nicht nur auf die seelische und organische Gesundheit, sondern es beeinflußt unser Denken und Handeln überhaupt. Und manch unbegründet schlechtes Gewissen wird auf diese Weise geboren.

Wenn unser Leben allein in der Polarität zwischen dem Tagesbewußtsein und dem als Erinnerungsreservoir verstandenen Unterbewußtsein verläuft, bleiben wir in Zeit und Raum gefangen. Wie schon gesagt, kann der Mensch in der tiefen meditativen Versenkung diese Grenzen von Zeit und Raum sprengen. Er kann das Tagesbewußtsein ausschalten und Zugang finden zu seinem höheren seelischen Bewußtsein. Dann löst sich die Polarität von Tagesbewußtsein und Erinnerungs-Unterbewußtsein auf, und mit dem höheren Bewußtsein wird auch sein Gegenpol aktiv, nämlich jenes Unter-

38

bewußtsein, das ich das unbegrenzte nennen möchte und das unendlich viel mehr ist als der Stausee der Erinnerungen. Wenn jetzt mit dem Seelenbewußtsein Bilder und Informationen geschaut werden, hilft das unbegrenzte Unterbewußtsein, das Geschaute positiv zu verarbeiten. Es ermöglicht uns, die Dimensionen außerhalb unserer Zeit und Sinne in uns zu begreifen. Es erweist sich als ein Ozean von Kraft in unserem Innern, aus dem wir alles schöpfen können, wenn wir den Zugang zu ihm über das Seelenbewußtsein wählen. Dieser Ozean der unbegrenzten Kraft in uns ist Ausdruck göttlichen Bewußtseins und verdeutlicht aufs neue, daß Gott in uns ruht.

Zusammenfassend können wir sagen: Im tiefen Zustand der Versenkung wird das Staubecken der Zeit, der Erinnerung an die Vergangenheit, geschlossen. Zugleich öffnen wir die Schleusen des unbegrenzten Unterbewußtseins. Mit anderen Worten: Wir entziehen dem Erinnerungs-Unterbewußtsein die Zeit und heben damit auch das Raumgefühl auf.

Jedoch braucht es viel Geduld, bis der Meditierende eine wirklich tiefe Versenkung erreicht. Wird anfänglich das Tagesbewußtsein nur teilweise ausgeschaltet, so wird die Polarität zwischen diesem und dem Erinnerungs-Unterbewußtsein nicht aufgehoben. Man sollte in diesem Versenkungsgrad die Disziplin besitzen, vorläufig nur an der eigenen Weiterentwicklung zu arbeiten und nicht neugierig Fragen für sich oder andere zu stellen. Wenn in diesem Zustand Bilder auftreten, stammen sie meistens aus dem Erinnerungsreservoir des Unbewußten und werden, weil sie dem Tagesbewußtsein entfallen waren oder aus früheren Leben herrühren, fälschlich für Bilder der Zukunft gehalten. Ist ein gewisser Reifungsprozeß noch nicht abgeschlossen, wenn das höhere Bewußtsein erste Tropfen aus dem Zeitlosen vermittelt, versucht das Sammelbecken der Erinnerung diese aufzufangen und in das Raster vergangener Erfahrungen einzubauen. Aber es kann die zeitlosen Bilder nicht lesen. Krampfhaft versucht es dennoch, das Zeitlose an eine vergangene Zeit zu binden. Dies kann beim Meditierenden zu Unruhe, Ängsten und Übelkeit führen. Deshalb ist es von größter Wichtigkeit, daß der Meditierende zuerst den Weg der Läuterung beschreitet, dem ich ein eigenes Kapitel gewidmet habe.

Zu den besonderen Sorgen werdender Mütter, die die Übertragung von Fehlprogrammen auf das Kind vermeiden möchten, will ich noch eine Anmerkung machen. Es hängt vom Bewußtseinsstand der Schwangeren ab, ob sie es fertigbringt, ihre eigenen Fehlprogramme (negative Denkschemata, Ängste, Neurosen, falsche Verhaltensweisen, Krankheiten) nicht an das Kind weiterzugeben. Ist ihr Denken in Gott verwurzelt und läßt sie sich dadurch in ihrem Leben leiten, kann ihr dies gelingen. Dann nämlich ist sie in der Lage, in der Schwangerschaft aus der Überzeugung zu leben, daß sie und das werdende Kind zwei Menschen mit unterschiedlichen Aufgaben sind, daß ihr das Kind nicht im Sinne von Besitztum gehört, sondern daß sie Trägerin eines sich entwickelnden göttlichen Wesens ist. So wie die Scholle des Kornfelds zulassen muß, daß das Korn, wenn es ausgereift ist, geschnitten wird, sollten alle

Mütter in sich die Gewißheit tragen, daß das Kind nicht ein Teil von ihnen ist, sondern Teil von Gott, obwohl sie es getragen haben – wie die Scholle die Ähren. Es ist also besonders in der Schwangerschaft wichtig, daß die werdende Mutter das Ungeborene als individuelles Wesen betrachtet und mit ihm gefühlsmäßig und gedanklich so umgeht. Keineswegs wird dadurch die elterliche Freude auf das Kind geschmälert, sondern sie kann das Kind in der Freude austragen, daß sie die Grundlagen für eine eigenständige Persönlichkeit bereitet. Auf diesen Grundlagen baut sich das innere Wissen des Kindes auf, das sich im Laufe des Lebens, also in Raum und Zeit, entsprechend der ihm eigenen Aufgabenstellung entwickeln kann. Betrachtet die Mutter hingegen das Kind nur als ihr Eigentum, orientiert es sich schon im Mutterleib gefühlsmäßig nur an dem Programm der Mutter und übernimmt mehr von ihren fehlerhaften Eigenschaften als nötig.

Das »Du« und das »Wir« in uns

Auch vom Verstand geleitete, rational handelnde Menschen kommen gelegentlich, wenn sie mit einer Bemühung gescheitert sind, zu der Einsicht: »Eigentlich wußte ich ja, daß an der Sache etwas falsch war. Hätte ich doch nur auf mein Gefühl gehört!« Tatsächlich blocken wir häufig das tiefere Wissen in den unbewußten Schichten unseres Selbst ab, obwohl es keine trennenden Schranken geben müßte. Viele Menschen haben zwar eine Fertigkeit darin entwickelt, das Für und Wider von Argumenten zusammenzustellen und logisch gegeneinander abzuwägen, bevor sie Entscheidungen treffen, können aber nicht die Gefühlsebene in sich aktivieren und in die Beurteilung einbeziehen.

Ich selbst hatte lange Jahre ähnliche Schwierigkeiten, wurde dann aber durch drei Anstöße zu einer fruchtbaren Auseinandersetzung geführt. Die dabei gemachten Erfahrungen möchte ich in den folgenden Ratschlag kleiden.

Versuchen Sie, besonders in Entscheidungssituationen, nicht nur verstandesmäßig in der Ich-Form zu denken, sondern sprechen Sie das »Du« in sich an, reden Sie mit sich als einem Gegenüber, nennen Sie sich –

wenn es geht, halblaut – bei Ihrem Vornamen und fragen Sie sich: »Was meinst du zu dieser Sache?« Sie erzeugen dadurch eine bestimmte Art von Schwingungen in sich und gewinnen Zugang zu einer unbewußten Ebene des gefühlsmäßigen Wissens. Sprechen Sie Ihr »Du« so an, als sei es in Ihrem Herzzentrum, und lernen Sie, seine Antworten zu hören und zu respektieren.

Wenn Sie Ihr Selbstvertrauen stärken wollen, sprechen Sie sich wiederum mit Ihrem eigenen Namen an und sagen Sie Ihrem »Du«, welche Eigenschaften Sie an ihm mögen: »Ich schätze deine Zuverlässigkeit und Hilfsbereitschaft. Es ist schön, daß man auf dich bauen kann.« – Oder: »Ich liebe dich, weil du ehrlich und ohne Falsch bist.«

Der eine ist einfallsreich, kreativ oder fleißig, der andere empfindsam, liebevoll, gütig, treu oder humorvoll – jeder kann positive Eigenschaften an sich entdecken. Stehen Sie zu ihnen! Sie dürfen und sollen sich ihrer bewußt sein – ohne Eitelkeit, aber auch ohne sich zu genieren. Wir wissen, wie wichtig, ja notwendig es für das Wachstum eines Kindes ist, daß es Anerkennung findet. Gegen falsche Bescheidenheit kann bei der beschriebenen »Du«-Übung die Vorstellung helfen, daß der Vater oder die Mutter in Ihnen dem Kind in Ihnen die notwendige Anerkennung ausspricht.

Da das Verhalten, zu dem ich hier rate, in den Augen des einen oder anderen Lesers fast ein wenig schizophren aussehen könnte, will ich zur näheren Erläuterung die Anstöße schildern, die mich zu diesem Rat führten.

In der Nacht nach meinem dreißigsten Geburtstag lag ich ruhelos in meinem Bett und dachte über mich nach. Der Schein des aufgehenden Mondes erhellte mein Zimmer, und meine inneren Fragen suchten Licht. Eigentlich wußte ich nicht genau, ob ich wach lag oder träumte. Mein Bewußtsein arbeitete hochtourig, die Gedanken jagten sich, doch hätte ich mich nicht erheben können. In meiner Magengegend fühlte ich ein dumpfes Pochen, ohne jedoch Schmerzen zu empfinden. Gleichzeitig hatte ich den Eindruck, in zwei geteilt zu sein, und krampfhaft suchte ich nach einer Erklärung für diesen zwiespältigen Zustand. Mechanisch griff meine Hand nach Schreibblock und Bleistift, die immer auf meinem Nachttisch lagen, weil ich die Angewohnheit hatte, meine Träume aufzuschreiben. Danach fühlte ich mich ruhiger. Ohne zu realisieren, ob ich tatsächlich etwas notiert hatte, fiel ich in den lang ersehnten Schlaf. Wie schon des öfteren staunte ich einmal mehr, als ich am anderen Morgen folgende Niederschrift fand:

»Beziehung: Ich – Persönlichkeit
Beziehung: Du – Gefühl
Lerne aus dem DU in dir das ICH
zu steuern!«

Ratlos starrte ich auf die drei Zeilen. Waren es Bruchstücke eines unkontrollierten Traumes oder die Laune irgendeines Gefühls? Ich wußte es nicht. Da ich mir das Geschriebene nicht erklären konnte, legte ich es zur Seite und kümmerte mich nicht weiter darum. Jahre vergingen. Der Vorfall geriet in Vergessenheit.

Den zweiten Anstoß verdanke ich einem Erlebnis in einem Meditationskurs, den ich abhielt. Wir waren zur inneren Stille gelangt und versuchten, den Kontakt zu unserer geistigen Führung zu vertiefen. Plötzlich spürte ich in meiner Magengegend ein heftiges »Herzklopfen«. Gleichzeitig hatte ich das Gefühl, von einem Licht geblendet zu werden, und mit aller Deutlichkeit trat der Satz in mein Bewußtsein: »Lerne aus dem DU in dir das ICH zu steuern!« Die Erinnerung an den Jahre zurückliegenden Traum kam in mir hoch und erschütterte mich. Dann rannen, ohne daß ich wußte, warum, Tränen der Erleichterung über mein Gesicht. Ich war froh, als die Meditationsstunde endlich beendet war.

Dieses Erlebnis fand zu einer Zeit statt, als ich gerade mit meiner Tätigkeit des Hellsehens begonnen hatte. Immer deutlicher erkannte ich dabei, daß mein persönlicher Schutzgeist mich in ganz bestimmte Überlegungen hineinführte. Ich nahm diesen Hinweis sehr ernst, und wenn ich in meinen Überlegungen auch immer wieder fruchtlose Gedanken produzierte, meditierte ich doch gewissenhaft über den Satz: »Lerne aus dem DU in dir das ICH zu steuern«. Stolz wie ein Kind über seine ersten Schritte war ich, als nach längerer Zeit in meinen Meditationen zwei ganz verschiedenartige Energieströme spürbar wurden, die Parallelen zum »Ich« und »Du« aufwiesen. Die durch Meditation freigelegte, aus dem »Ich«-Gefühl entstandene Energie empfand ich als dunklen Ton oder als dunkle Farbe. Das »Du«-Gefühl hingegen erzeugte einen hellen Klang und war von durchsichtigen Farben begleitet.

Es entwickelte sich in mir eine unbeschreibliche Neugierde, die mich in immer mehr Meditationen hineintrieb. So meditierte ich abwechselnd eine Woche aus meinem »Ich«-Empfinden und eine Woche aus meinem »Du«-Empfinden heraus. Auf wunderbare Art und Weise begann ich mich neu zu erleben, und das Verständnis von mir selbst breitete sich wie ein Schatzfund vor mir aus. Immer häufiger machte ich die Beobachtung, daß ich mein »Du« fragte, wenn ich Entscheidungen zu treffen hatte. Mit Faszination stellte ich fest, daß das angesprochene, erweckte »Du« in mir eine eigene Persönlichkeit zu haben schien und daß ich Resonanz bekam. Durch das Ansprechen des eigenen »Du« öffneten und entwickelten sich Gefühlsebenen, zu denen ich vorher keinen Zugang hatte. Es fiel mir und meiner Umwelt auf, daß ich Handlungen, die mich vorher beunruhigt und belastet hatten, jetzt mit absoluter Sicherheit ausführte. Es war ein herrliches Gefühl innerer Ausgewogenheit, und ich empfand es als »Leben aus der eigenen Mitte«.

Die geschilderte Traumerfahrung und das sie bekräftigende Meditationserlebnis waren für mich richtungweisend und heilsam, so daß ich tief in mir den Wunsch empfinde und die Hoffnung hege, daß

Sie, lieber Leser, ähnliche Erfahrungen machen dürfen. Ist Ihnen nicht auch schon der gutgemeinte Rat erteilt worden, Sie müßten, damit sich Ihr Leben ändern könne, die Beziehung zu sich selber ändern? Auch mir wurde verschiedentlich in solcher Weise geraten, doch wußte ich lange Zeit damit nichts anzufangen. Heute kann ich Ihnen aus meiner Erfahrung versichern, daß, wenn es Ihnen gelingt, Ihre eigene »Du«-Beziehung zu erkennen und zu aktivieren, Ihr Leben sich automatisch verändern wird. Fangen Sie doch einfach damit an! Reden Sie, wenn Sie allein sind, mit sich selbst, sprechen Sie das »Du« in sich an. Sie werden sich besser verstehen lernen und neue Gefühlsebenen entdecken, die zu größerer Entscheidungssicherheit führen.

Aber weil im allgemeinen die Wege des Lebens voller Hindernisse und Hürden sind, die bezwungen werden müssen, geht auch diese Schulung des Bewußtseins nicht kampflos vonstatten. Ihre Ich-Persönlichkeit hat zunächst Mühe, das Gegenüber des »Du« als Partner anzuerkennen und neben der Stimme des Verstandes auch die des Gefühls zu akzeptieren. Es kommt hinzu, daß Sie das »Du« anfangs wie ein zartes, verletzbares Kind in sich erleben. Es hat keine Robustheit, sich durchzusetzen, wenn Sie es nicht mit Liebe und Milde großziehen. Lassen Sie nicht zu, daß Ihr Ich es mit Zweifeln und Ängsten angreift, sondern bringen Sie dem Neugeborenen Geduld und ein unerschütterliches Vertrauen entgegen. Und wenn Sie den Grundsatz beherzigen, daß keine Übung ohne ständige Wiederholung Erfolg haben kann, werden Sie in neue Erfahrungen hineinwachsen.

Den dritten Anstoß, mich mit dem Thema zu befassen, gab die Arbeit an diesem Buch. Ich überlegte, ob ich das Verhältnis zum eigenen »Du« ansprechen sollte. Diesen Gedanken nahm ich mit in eine Meditation und erhielt als Geschenk den folgenden Text, der neues Licht auf meine Erfahrungen warf und mir überdies den Weg in das »Wir«-Bewußtsein wies.

Unsere Gedanken sind nicht nur Energien, sondern auch Kanäle, die in die Schichten unseres Unterbewußtseins hineinführen. Im Unterbewußtsein der Kraft gibt es verschiedene Kammern. Eine davon, die wie ein Lichtmeer funkelt, öffnet sich automatisch, wenn wir für uns selbst das »Du« anwenden. Die Schwingungen dieses Lichtmeeres, die direkt der Seele zufließen, bestehen aus Verzeihung, Liebe und Kraft. Diese Kammer ist wie die Hände einer Mutter, die ihr Kind tröstet.
Wenn wir aus dem Ich sprechen, stellen wir immer auch Forderungen an unsere Entwicklung. Sprechen wir das »Du« an, begeben wir uns in das Feld der inneren Ruhe, wir spüren das kindliche Gutsein. Es ist wichtig für die menschliche Entwicklung, daß wir nicht nur in Strenge mit uns verfahren, sondern daß wir uns aus dieser Schicht des Unterbewußtseins auch immer wieder Güte und Milde zugestehen. Das »Du« in uns tröstet und versteht. Es ist auch der ruhende Pol in unserem Menschsein. Wenn wir uns mit »Du« ansprechen, schwingen wir in ganz anderer Weise, und je mehr wir diesen »Du«-Kanal be-

nutzen, um so fähiger werden wir, die Qualität unserer Gefühle zu empfinden und zu verbessern. Wir lernen erkennen, was reine Gefühle sind, welche Schwingungen sie in uns auslösen: Gedanken ohne die Forderungen des Ichs, ohne Forderungen überhaupt.

Im »Du-Kanal« liegt alle Essenz, die unsere Gefühle brauchen, liegt die Nahrung des Geistes für unser Dasein. Oft ist die Berührung mit dem »Du« für das Ich-Bewußtsein schmerzlich, so, als würde man sich ohne Haut wahrnehmen und empfinden. Jede so geartete Berührung ist aber sehr wertvoll, weil sie das Ich- und Du-Bewußtsein, die Persönlichkeit und das innere Fühlen in Harmonie mit dem Menschen selbst und in Einklang mit dem göttlichen Bewußtsein im Menschen bringt.

Wenn wir uns mit dem »Du« vertraut gemacht haben, fällt es uns von Tag zu Tag leichter, die verstandes- und gefühlsmäßigen Entscheidungen zu einer Einheit zusammenzufügen. Wir werden selbstsicherer in unseren Handlungen, und die Zweifel, ob wir nicht doch besser anders reagiert hätten, fallen mit der Zeit weg. Der Kampf zwischen dem Verstand und dem Gefühl wird hinfällig. Wir schaffen uns so neue, persönliche Erfahrungswerte und ein neues Verständnis unseres Menschseins.

Haben wir uns an diese ersten Schritte gewöhnt, können wir in der Erforschung unseres Wesens noch etwas weitergehen in das »Wir« hinein. Wir fragen uns beispielsweise: »Wie nehmen wir dieses Ereignis auf?« Oder: »Wie werden wir denn darauf reagieren?« Im Unterbewußtsein der Kraft öffnet sich dann eine andere Kammer. »Wir« löst eine neue Schwingung aus. Es geschieht etwas Ähnliches, wie wenn Sie beim Radio von einer Wellenlänge auf eine andere umschalten, zum Beispiel von UKW auf Mittelwelle. Die »Wir« - Schwingung bezieht immer unsere geistige Führung mit ein, und sie läßt uns verstehen und erfahren, daß wir nie allein sind. »Wir« beinhaltet in uns selbst, in dieser Schicht des Unterbewußtseins, den Gedanken an alle Wesen. Das unendliche Meer der hilfreichen Wesen in unserem Unterbewußtsein, das »Wir«, ermöglicht uns, ein Teil der Weltseele zu sein und ihren Pulsschlag zu fühlen. Das »Ich« und das »Du« lernen, im »Wir«, in der Seele der Welt, zu leben und zu fühlen. Mit dem »Wir« bekräftigen wir, Teil geistiger Wesen zu sein, und helfen ihnen durch dieses Wissen, so wie wir deren Hilfen in unser Leben einbeziehen. Wir sind nicht mehr nur eingeschlossen in unserem Ich, sondern werden zu Tausenden von Lichtfunken, die sich in unendlichen Dimensionen versprühen.

Liebe deinen Nächsten wie dich selbst, das ist die Aufforderung Gottes, uns selbst lieben zu lernen, damit wir fähig werden, unseren Nächsten zu lieben. Uns und die anderen zu lieben, vermögen wir nur, wenn wir Gott in uns lieben. Gott ist von uns und wir sind von ihm nicht zu trennen. Würden wir uns selbst hassen, würde dieser Haß auch dem Gott in uns gelten. Wir gleichen einem riesigen Puzzle aus unzähligen Einzelteilen. Da wir durch unseren freien Willen einzelne Teile werden wollten, müssen wir diese auch wieder zu einem Ganzen zusammenbringen. Erst wenn wir sie im Laufe unserer Leben und Entwicklungen zusammengesetzt haben, können wir das gesamte Bild erkennen. Als ganzheitliches Selbst können wir schließlich in die Ganzheit des Göttlichen eingehen. Wenn wir nicht nur über den »Ich«-Kanal funktionieren, sondern auch den »Du«- und »Wir«-Kanal öffnen, geben wir unserer Vieldimensionalität die Möglichkeit der Entwicklung.

Der Weg der Läuterung

Sobald ein Mensch den Wunsch in sich empfindet, zu meditieren und auch damit beginnt, ist er in seinem Bewußtsein so weit entwickelt, daß er im Laufe seines Lebens oder seiner Leben die Zeit und den Raum in sich auflösen will. Ein solcher Mensch erforscht nicht nur seine innere Welt, sondern immer auch zugleich in ganz neuer Weise die äußere Welt. Er wird offen für andere Menschen und für die Natur. Ein Sonnenuntergang wird für ihn zu einem Dankesgebet, genauso wie das Jubilieren eines Vogels. Anfänglich hat sein Verstandesdenken noch kein sehr großes Verständnis für solche Wandlungen, und die Meditationsübungen werden von ihm vorerst noch bekämpft. Der wie Feuer in der Seele brennende Wunsch, aus dem höheren Bewußtsein zu leben, wird sich von Tag zu Tag, von Jahr zu Jahr, von Leben zu Leben so sehr verstärken, daß sich das Verstandesbewußtsein im Laufe der Zeit schwingungsmäßig eingliedert.

Die schönen inneren Erfahrungen lassen im Meditierenden die Erkenntnis wachsen, daß er durch regelmäßig ausgeführte Meditation sich einerseits in der physischen Welt und andererseits in feinstofflichen, geistigen Dimensionen entwickelt. Nach und nach wird er sich auch seiner verschiedenen Bewußtsein in anderen Ebenen bewußt. Im

Laufe vieler Entwicklungen besiegt er den Zweifel und weiß, daß die Meditation der Weg ist, der ihn über die dreidimensionale irdische Welt hinausführt und ihm die Auflösung von Zeit und Raum ermöglicht.

Der Meditierende hat das tiefe innere Verlangen, dem Gott, der in ihm wohnt, einen schönen Tempel zu bereiten. Er empfindet den Wunsch, sich vermehrt in der Natur aufzuhalten, über sich selbst in ehrlicher Weise nachzudenken und sehr bewußt zu beten. Neben dieser inneren Umstrukturierung steht er bewußt und froh im täglichen Leben und versucht, die anfallenden Aufgaben mit Gelassenheit und Ruhe zu lösen. Natürlich gelingt es auch ihm nicht immer, ausgeglichen zu bleiben, aber er verarbeitet solche Phasen viel schneller und mit weniger Energieverlust als vorher. Der Weg der Läuterung ist nicht nur mühevoll, sondern vor allem ein Weg der Bewußtwerdung.

Befindet sich ein Mensch in dieser Entwicklungsphase, wird ihm viel Geduld abverlangt. Sie ist die Grundlage für alle weiteren Schritte. Über lange Zeit hinweg wird der Meditierende »nur« einen mittelmäßigen meditativen Zustand erreichen, weil sein Hohes Selbst die Forderung erhebt, daß er sich innerlich harmonisiert, was einer Reinigung der Gefühle und des Gemüts gleichkommt. Wenn also die Sehnsucht, seinem eigenen geistigen Wesen näherzukommen, den Schüler allzusehr zur Eile drängt, sollte er sich immer wieder die Wichtigkeit der Geduld vor Augen führen und die Stufe der vorerst mittelmäßigen Versenkung annehmen. Das Hohe Selbst hält das Tor des unbegrenzten Unterbewußtseins, jenes geheimen göttlichen Kraftreservoirs in uns, so lange verschlossen, bis der Meditierende im Erinnerungs-Unterbewußtsein etwas aufgeräumt hat. Versucht er, das Tor vorher mit Gewalt zu öffnen, überfordert er sich körperlich und seelisch. Die weise Vorsehung ist hier ein strenger Gebieter und duldet keine Zwänge, weder die des verstandesmäßigen guten Willens noch jene der Ungeduld. Wir sollten niemals einen Fortschritt erzwingen wollen. Wir müssen auch nicht gut sein, wir müssen nur sein. Aus diesem Empfinden heraus erwächst uns verstärkt die Gewißheit, daß wir bei allem ehrlichen Tun in Gott geborgen sind.

Die Versenkung in der Meditation führt den Schüler anfänglich fast immer in die an Raum und Zeit gebundene Kammer des Erinnerungs-Unterbewußtseins. Hier bekommt er im Laufe der Übungen Einblicke in alle charakterlichen Veränderungen, die zur Reinigung des Tempels nötig sind. Der Meditierende lernt, sich ohne Maske zu sehen und seine guten und weniger guten Eigenschaften weder über- noch unterzubewerten. Er wird fähig, die Schwingungen seines Gutseins so zu verstärken, daß Fehler und Schwächen im höheren Bewußtsein umgewandelt werden können. Mit der Zeit wird er fähig, seine eigenen menschlichen Reaktionen, Überempfindlichkeiten und Verletzungen zu verstehen und sie auszugleichen, ohne Entschuldigungen für sich zu gebrauchen. Die Fähigkeit, mehr und mehr im Hier und Jetzt zu leben, wird zu einer bewußten, täglichen Aufgabe.

Ein Meditierender hat in sich den tiefen Wunsch, ein besserer Mensch zu werden, und die Sehnsucht nach Gott ist in ihm eine Kraft, die ihn nicht nur in die Meditation hineinführt, sondern auch in die Ruhe, in die Gelassenheit und Geduld, Tugenden, die auf dieser Meditationsstufe notwendig sind. Wenn das höhere Bewußtsein diese Menschen hin und wieder mit einem tiefen inneren Erlebnis beschenkt, das sie in Wonne versetzt, lernen sie, künftig nicht *mehr* zu wollen, als ihnen gegeben wird. Die Strukturen des Charakters verfeinern sich, und vor allem wird ihnen zu eigen, in immer neuen Empfindungen die Bedeutung der menschlichen Nächstenliebe zu verstehen. Diese Meditationsstufe ist die Vorbereitung, die Reinigung des Tempels, so daß dann das göttliche Bewußtsein durch einen solchen Menschen wirken kann.

Aus dem Hohen Selbst zu leben bedeutet, verstandesmäßige Blockaden zu lösen, Schleusen zu öffnen und dadurch fähig zu werden, Gott in sich zu spüren. Wie oft rufen wir nach Gott, wir bitten ihn einzutreten und merken meistens nicht, daß wir die Türe von innen verschlossen haben. Meditation heißt also auch, die Türe des Herzens weit zu öffnen, damit wir lernen teilzuhaben an der Güte und Liebe Gottes. Dies wiederum bedeutet, andere so zu lieben und zu verstehen, wie wir selbst geliebt und verstanden werden möchten.

Ein Mensch, der diesen Meditationszustand erreicht, erarbeitet sich im Laufe der Zeit das Verständnis, daß er die Dinge geschehen lassen soll. Natürlich bedeutet das nicht, einfach nur dazusitzen und sich um nichts mehr zu kümmern. Vielmehr lernt er, Geschehnisse nicht zu erzwingen, die vielfältigen Ängste loszuwerden und vertrauensvoll auf das geistige Gesetz zu bauen. Diese Entwicklung ist ein hartes Stück Arbeit und fordert viel Kraft und Glaube. Er wird auch in dem Sinne geläutert, daß er sich selbst als zuständig für seine Fehler und Schwächen erkennt. Er lernt, die Verantwortung für sich selbst und alle Geschehnisse, die sein Leben betreffen, anzunehmen. Die Worte »Wenn« und »Aber«, die Hintertüren, lösen sich in diesem Entwicklungsprozeß langsam auf.

Er wird sich auch zunehmend der Verantwortung seinem Nächsten gegenüber bewußt. Plötzlich versteht er, was mit Liebe und Güte gemeint ist. Er sieht das Menschsein nicht mehr aus seinem Ich-Bewußtsein heraus, sondern wird fähig, das Menschsein aus der Liebe und der Barmherzigkeit Gottes heraus zu betrachten. Er verdrängt nicht mehr das Erinnerungs-Unterbewußtsein, sondern löst es im Wandel der Entwicklung – und es können dazu viele Leben nötig sein – in den Schwingungen der allumfassenden Liebe auf. Dieser Prozeß dauert so lange, bis alle Bewußtsein sich mit dem Gedanken Gottes verbinden und der Mensch wieder eins mit Gott ist. Meditationsübungen haben also den tieferen Sinn, die Zwänge, die das Verstandesdenken und das Erinnerungs-Unterbewußtsein in sich tragen, aufzulösen.

Das Böse setzt sich aus verschiedensten Gedankenenergien zusammen. Seine Grundlagen sind Machtgier, Neid, Haß und Rache sowie die Ängste aller Menschen. Diese Gedankenenergien sind dem Göttlichen fern, und wenn wir Menschen unter deren negativen Auswirkungen zu leiden haben, ist Gott dafür nicht verantwortlich. Diese gewaltigen negativen Energien nennt man auch die »Kräfte der

56

Versuchung«. Sie herrschen in den Dimensionen von Raum und Zeit und sind im ständigen Kampf gegen das Göttliche, das Gute. Wir gehen in den Wogen des Bösen nicht unter, wenn wir uns im Gebet und in der Meditation auf den Kanal unserer Schutzengel einstellen und in innerer Verbindung mit ihnen leben.

Einen ähnlichen Kampf erlebt der Meditierende. Sein Verstand und sein Erinnerungs-Unterbewußtsein versuchen oft mit aller Gewalt, die guten Erfahrungen in der Meditation, die andere Wirklichkeit, zu verdrängen. Er durchläuft Phasen schwerster Zweifel, und er lernt dabei, die Kraft des Bösen zu überwinden, den Versuchungen zu widerstehen. Nach und nach wird es ihm gelingen, nicht die Befriedigung seines Egos an die Spitze zu stellen, sondern aus dem geistigen Ich heraus zu leben. Besonders während der inneren Aufräumungsarbeit versucht das begrenzte Unbewußte, die Ängste, Unsicherheiten und Zweifel mit dem Ziel zu verstärken, den Meditierenden von seinem Weg abzubringen. Doch mit jeder weiteren Übung wird sich das Gute durchsetzen. Der Verzweiflung folgen die innere Gewißheit und der feste Glaube, daß wir eingebettet sind in den Schoß Gottes.

Alle diese Entwicklungen sind Prüfungen, die ein Meditierender zu bestehen hat. Das aus dem Ego stammende Ich mit dem geistigen Ich in Einklang zu bringen, ist das höchste Ziel des menschlichen Lebens. Eine Mißachtung dieses geistigen Gesetzes führt zwangsläufig zu Problemen. Sich in der Meditation zu üben, lediglich um sein Ich-Bewußtsein zu befriedigen, um weiter oder mehr zu sein als andere, führt unweigerlich in den Abgrund der Angst, da die Meditationserfahrungen vom Ich-Bewußtsein kaum bewältigt werden können. Die Schwingungen des Bösen, in jedem Menschen vorhanden, erhalten Nahrung und führen ihn in Unruhe und Ängste, in eine Art innere Hölle, welche ihn zu Handlungen veranlaßt, die ihn in das Leid führen. Aber gerade dieses Leid ist der rettende Anker. Nur Leid kann ihn von der Krankheit des Ich-Bewußtseins heilen, sofern der Betroffene offen bleibt für das Gute, für Gott. In der seelisch-geistigen Entwicklung gibt es keine Halbheiten, so wenig wie es Kompromisse gibt. Wie könnte es anders sein, geht es doch um nichts Geringeres als darum, den Tempel Gottes zu bereiten.

Meditieren heißt nicht, seine Persönlichkeit aufzugeben oder zu verlieren, im Gegenteil: Wir fördern sie und unsere gesamtheitliche Entwicklung. Die geistigen Helfer, unsere Schutzengel, sind nicht ein Ersatz für Gott, sie sind die Stufen, über die wir näher zu Gott kommen. Sie sind auch wie Brücken, die uns ermöglichen, vom Ufer des Verstandes an die Ufer anderer Wirklichkeiten, anderer Seinszustände zu gelangen. Unsere Helfer sind auch unsere Fürbitter und selbstlosen Freunde.

Wir tragen in uns das Bewußtsein, daß Gott uns alles wert ist. Leider setzen wir uns meistens über dieses Wissen hinweg. Wir nehmen das Kreuz vieler Leben auf uns, um im Laufe der Zeit in unsere verlassene Heimat, in das göttliche Bewußtsein, zurückzukehren. Trotz der Schwere des Lebens dürfen wir froh und dankbar sein für diese Erkenntnis. In unseren schwersten Stunden trägt uns

58

die Liebe Gottes, der ewige Lichtstrahl, der uns immer erreicht, auch wenn wir es nicht wahrhaben wollen. Vor allem im Leid, wenn wir wie weinende, Trost suchende Kinder sind, kann die Meditation eine große Hilfe sein. Wer verstünde es besser zu trösten als Gott, unser Vater?

Die größte Gefahr in der Meditation ist die, daß wir unserem eigenen Ich und den Einflüsterungen unseres Erinnerungs-Unterbewußtseins erliegen. Vor allem in den Anfängen stellt sich unser Verstand wie ein trotziges Kind dar, das sich aufbäumt, weil es die Gesetze der Erwachsenen, also des höheren Bewußtseins, nicht versteht. Über die Meditation reift das Kind in uns heran, es entwickelt sein Bewußtsein so lange, bis es fähig wird, das göttliche Bewußtsein als ihm zugehörig zu empfinden. Daher ist es sehr wichtig, daß wir dem Kind in uns gütig zureden, daß wir es anhalten, sich in Geduld zu üben. Auch wenn wir immer wieder über unser Ich gestolpert sind, sollten wir die Gewißheit wie einen Schatz in unserem Herzen bewahren, daß wir nie tiefer fallen können als in Gottes Hand. Dann werden wir immer wieder neu die Kraft besitzen, aufzustehen und in das Verständnis hineinzuwachsen, daß jeder Tag, ja, jede Stunde ein neuer Anfang ist.

Häufig lautet eine der falschen Einflüsterungen des Erinnerungs-Unterbewußtseins, daß die Bemühungen des Meditierenden vergeblich seien. »Du meditierst nun schon so lange und verspürst keine wesentlichen Veränderungen in dir. Woher willst du die Hoffnung nehmen, daß sich das bessert? Du vertust deine kostbare Zeit.« Da das Verstandesbewußtsein der physischen Existenz des Menschen zugeordnet ist und nichts über die Vorgänge in den feinstofflichen Körpern und anderen Bewußtsein weiß, hat auch das Erinnerungs-Unterbewußtsein noch nicht die Erfahrung gespeichert, daß innere Fortschritte ohne äußerlich sichtbare Erfolge möglich sind. Es kann deshalb gar nicht anders, als dem Meditierenden die Zuversicht, daß jede Minute der Meditation ihn auf seinem inneren Weg voranbringt, auszureden. Hört sein Verstand auf diese Beeinflussung, blockiert er sich und verhindert das entspannte, gelöste Geschehenlassen. Deshalb ist es wichtig, daß er glaubt, Fortschritte zu machen, vom ganzen Geschehen nicht ausgeschlossen zu sein, denn was wir positiv oder negativ glauben, ist mitbestimmend für unsere persönliche Wirklichkeit.

Dieses Nicht-so-recht-Glauben ist eine der Versuchungen in der Meditation. Es ist die Weigerung des Verstandes, den inneren Fortschritt zu akzeptieren. Nur wenn es dem Meditierenden gelingt, zu glauben, daß er sich entwickelt, auch wenn er die kleinen Schritte seines Vorankommens nicht sieht, kann er durch die Pforten gehen, die für ihn offenstehen. Kümmern Sie sich also nicht ängstlich darum, ob Sie Fortschritte machen, ob Sie etwas spüren oder innerlich sehen. Wie im Kapitel über die Vieldimensionalität ausgeführt, verfügen wir Menschen über viele Bewußtsein in unterschiedlichen Dimensionen, in denen wir uns gleichzeitig entwickeln. Jegliche meditative Übung bewirkt etwas, entweder in den Bewußtsein unseres irdischen Seins oder aber in jenen anderer Ebenen. Das Verstandesbewußtsein, das ausschließlich auf unsere grobstoffliche Existenz zugeschnitten ist und sich aus diesen

Gründen nur auf der physischen Oberfläche orientiert und bewegt, hat davon in aller Regel keine Kenntnis. Das besagt aber nichts für das geistige Wesen des Menschen und seine Entwicklungen. Der Meditierende sollte in sich das Verständnis wecken und wach halten, daß das, was er zu sein glaubt, nur ein Teil von ihm ist. In Wirklichkeit bestehen wir aus Hunderten von Bewußtsein, und in jedem gibt es ein Verstehen. Wenn die Zeit reif ist, wird das Wunder der Meditation genügend Licht in die Tiefen der Seele senden, und der Geist der Liebe läßt uns dann die Entwicklungen begreifen.

Vor allem zu Beginn einer jeden Meditation sollten Sie sich vergegenwärtigen, daß Sie mehr sind als Ihr Körper, mehr als physische Materie. Rufen Sie sich immer wieder in Erinnerung, daß Sie im Kern ein geistiges Wesen sind, das für eine begrenzte Erdenzeit eine körperliche Erscheinungsform angenommen hat. Machen Sie sich bewußt, daß Ihre eigentliche Struktur geistig ist, daß Sie sich nur vorübergehend in Ihrer gegenwärtigen physischen Hülle aufhalten, die der Mensch nun einmal braucht, um in der grobstofflichen Dimension, auf dem Planeten Erde zu leben. Und sagen Sie sich, daß nur Ihre körperliche Hülle und das Verstandesdenken des Gehirns an Raum und Zeit gebunden sind. Das geistige Wesen in Ihnen, Ihr eigentliches Sein, entwickelt sich ungeachtet der Grenzen des Verstandes sowohl in der Plus- als auch in der Minus-Zeit. Durch die Meditation wird Ihnen diese Tatsache mehr und mehr bewußt, und im Laufe der Entwicklungen finden Sie auch verstandesmäßig wieder den Zugang zu Ihrem Ganzen.

Wenn Ihnen einmal in einer Meditation in einer ganz neuen und vertieften Art eine Freude widerfuhr und ein Funke der Faszination in Ihnen gezündet wurde, versuchen Sie nicht, dieses Erleben jemandem mitzuteilen. Wenn Sie spüren, daß reines Licht Sie erreicht hat, dann wissen Sie, daß es nicht preisgegeben werden darf. Folgen Sie dann Ihrem Empfinden, daß das, was Sie als rein, als subtil, als heilig erlebt haben, in Ihnen bewahrt bleiben muß. Wer den Weg der Läuterung gegangen ist, weiß zu unterscheiden zwischen dem, was mitgeteilt werden und dem, was nur in der Stille des Herzens überleben kann; er weiß, daß über Unaussprechliches zu sprechen heißt, es wieder zu verlieren.

Fehler ausgleichen

Im Laufe meiner Entwicklung ist mir bewußt geworden, daß die Meditation auch ein Weg ist, negative Eigenschaften in positive umzuwandeln. Wenn man Charakterfehler lediglich unterdrückt, verdrängt man sie ins Unbewußte, und dies führt zu inneren Energiestauungen. Wenn das Unbewußte durch äußere Umstände an diesen Fehler erinnert wird, brechen die angestauten Energien um so heftiger hervor. Der Mensch ist dann über sich selbst enttäuscht und sagt: »Ich habe mir doch so viel Mühe gegeben, diesen Fehler zu überwinden!« Aber es war eine Verdrängung, nicht eine Umwandlung oder Auflösung.

Ich hatte die Angewohnheit, aufzubrausen, wenn etwas nicht nach meinem Kopf ging. Hinterher tat mir meine Reaktion stets leid. Eines Tages meditierte ich darüber und glitt schon bald in mein höheres Bewußtsein und in den mir inzwischen vertrauten zeit- und raumlosen Zustand. Ich machte mir mein ständiges Aufbrausen bewußt und nahm die Schwingungen wahr, welche sich mit dieser Schwäche verbanden. Dann atmete ich ganz bewußt die Schwingungen der Gelassenheit und Ruhe ein. Ich stellte mir vor, wie ich die Wurzeln meiner Schwäche in meinem Unterbewußtsein ausriß und Ruhe und Gelassenheit an ihre Stelle einpflanzte.

Ich verstärkte diesen Energieaustausch mit dem Gedanken: »Ich bewahre immer Ruhe. Ruhe ist mir eigen. Ruhe und Gelassenheit sind mein.«

Das Unterbewußtsein braucht präzise, unzweideutige Anleitungen, und der Meditierende muß sich die Korrekturwünsche immer als bereits verwirklicht vorstellen. Man soll also nicht in der Wunsch- oder Zukunftsform sprechen, sondern immer in der Gegenwart. Nicht: »Ich möchte ruhig und gelassen werden«, sondern: »Ich bin ruhig und gelassen«. Das Unterbewußtsein versteht nur diese Sprache, weil es lediglich die Vergangenheit und die Gegenwart kennt. Es empfiehlt sich auch, jeweils nur eine einzige, klar umrissene Korrektur vorzunehmen.

Mein Unterbewußtsein nahm die Programmierung auf, weil es ihr im zeit- und raumlosen Zustand keine andere Erinnerung entgegensetzen konnte. Wenn die Lebenserfahrungen die Energiewellen des Erinnerungs-Unterbewußtseins bilden, dann sind Zeit und Raum der Strom, der diese Erfahrungen am Leben erhält. Im tiefen meditativen Zustand können wir diesen Strom unterbrechen, dem Erinnerungs-Unterbewußtsein dadurch Zeit und Raum entziehen und das fehlerhafte Programm austauschen. Mit Freude konnte ich nach dieser Meditation feststellen, daß bereits das erste Erlebnis, das für Aufregung hätte sorgen können, mich nicht mehr beunruhigte, und alle späteren Geschehnisse zeigten, daß Gelassenheit an die Stelle meines aufbrausenden Temperaments getreten war.

Wir können Fehler nicht nur in der Meditation korrigieren, sondern auch im Schlaf. Weil in der

Nacht das Tagesbewußtsein ausgeschaltet ist und dem Erinnerungs-Unterbewußtsein der Gegenpol Zeit entzogen wird, kann dieses mit dem höheren Bewußtsein in direkte Verbindung treten. Wir können uns das gesamte Unterbewußtsein wie eine immense Bienenwabe vorstellen. Jede Zelle kennzeichnet einen Bereich, eine Kammer. Jede Kammer ist mit einer ihr eigenen Energie aufgeladen, und jedes unserer vielen Bewußtsein hat Zugang zu einer ihm angepaßten Kammer. Das höhere Bewußtsein allein kennt alle Zugänge und hat auch Zutritt zu allen Kammern. Der gute Wille des Verstandes versucht oft, sich Zutritt zu diesen Kammern zu verschaffen. Aber es ist so eingerichtet, daß ihm dies nicht gelingt, weil die unterschiedlichen Schwingungs- und Energiezustände die Ich-Persönlichkeit des Verstandes völlig verunsichern würden. Wenn wir uns dessen bewußt sind, verstehen wir besser, warum nur der Weg der Verinnerlichung, also der Zusammenschluß des Verstandes mit dem Hohen Selbst, uns ermöglicht, alle Teile unseres Wesens zu verstehen, also in alle Zellen des Bienenstocks einzudringen. Das Verstandesdenken will dann nicht mehr als allein herrschende Persönlichkeit ein Ziel erreichen, sondern es begreift, daß der Zugang zum höheren Bewußtsein ihm die Möglichkeit verschafft, einzutauchen in das Unbegrenzte unseres Wesens.

Die Fehler und Schwächen erzeugen in unserer menschlichen Struktur ein ganz bestimmtes Energiefeld. Aber tröstlich ist die Gewißheit, daß es zu jedem Feld ein Gegenfeld, zu jeder Kraft eine Gegenkraft gibt, das heißt, daß unsere Schwächen in unseren guten Eigenschaften und Stärken einen Gegenpol finden. Vor dem Einschlafen sollten wir uns diese Gewißheit vergegenwärtigen. Es genügt, wenn wir uns vorstellen, daß das Tagesbewußtsein müde und schwer wird und wie die Sonne am Horizont versinkt. Es schließt sich des Nachts dem vegetativen Nervensystem an und übernimmt mit ihm die Kontrolle des Körperorganismus. Wie die Erde in den Schimmer des Mondes eintaucht, gleiten wir langsam in ein anderes Bewußtsein hinein. Alle Kammern des Unterbewußtseins schließen sich dem Hohen Selbst an. Wir können uns vorstellen, daß aus allen Bereichen des Unterbewußtseins Tausende von feinsten Glühfäden mit der Zentrale, dem Seelenbewußtsein, verbunden werden. Der Gedankenenergie unserer letzten Überlegung vor dem Einschlafen kommt nun eine entscheidende Bedeutung zu.

Wir können diese Gedankenenergie mit der Hauptleitung für das elektrische Licht eines Zimmers vergleichen. Ist mein letzter Gedanke hoffnungslos und dunkel, lädt sich der Energiefaden zu wenig auf, um Kraft und Hoffnung aus der Lichtzentrale, dem höheren Bewußtsein, anzuzapfen. Dann verbindet sich dieser Energiefaden mit dem negativen Energiesystem des Erinnerungs-Unterbewußtseins. Beim Aufwachen überfällt die ganze negative Energiewelle diesen Menschen, so daß er sich wie ein Ertrinkender vorkommt.

Alle geöffneten Kammern des Unterbewußtseins sind hauptsächlich des Nachts wie schreiende Säuglinge, die sich an der Mutter Brust ernähren möchten, denn das auf sie strahlende Licht des Hohen

66

Selbst löst schwingungsmäßig dieses Empfinden aus. Auch tagsüber würde die beschriebene Verbindung zum höheren Bewußtsein bestehen, wenn nicht der Verstand in seiner Begrenzung viele dieser Kanäle unterbinden würde. Wir sollten einem schlechten Gedanken immer einen guten entgegensetzen, auch dann, wenn wir noch nicht fähig sind, aus ihm heraus zu handeln. Wir sollten immer mit einer positiven Vorstellung einschlafen, auch wenn unsere Lage noch so hoffnungslos erscheint, damit die so erzeugte Energie von der Hauptschaltung der göttlichen Elektrizität nicht ausgeschlossen ist. Zunächst sollten wir versuchen, mit Gedanken des Friedens und der Liebe Ruhe zu finden. Wir denken an ein schönes Bild in der Natur, an einen uns lieben Menschen oder an eine erlebte Freude. Dann sollten wir, auch wenn wir uns zunächst nicht viel darunter vorstellen können, vor jedem Einschlafen folgende Sätze formulieren:

Mein Bewußtes und Unbewußtes lege ich,
o Gott, in Deine Hände.
Ich danke Dir für alle Gaben.
Ich bin getröstet, daß Deine göttliche Liebe
mich einhüllt.
Nun schließe ich froh die Augen zu.
Der Engel, den Du mir schickst,
bewacht meine Ruh.
Amen.

In welcher Situation wir uns auch befinden, diese formulierte Gedankenenergie gibt uns immer die Gewißheit, daß die nächtlich ausgeführte Arbeit alle Kammern des Unterbewußtseins mit Licht erfüllt. Die tiefste Verzweiflung oder der dunkelste Gedanke können sich nicht ausbreiten, denn das Licht, das sich aus der allumfassenden Liebe und dem Trost des Christusbewußtseins zusammensetzt, ist stärker als die Macht aller Leiden, ist stärker als die Macht des Bösen. Aus all dem erhellt, welche tiefe Bedeutung das Abendgebet hat und wie wichtig es ist, daß wir auch die Kinder, bevor sie einschlafen, in die Schwingungen eines Gebetes einhüllen.

Einen Fehler in sich korrigieren, besagt nicht, ihn loswerden zu wollen, sondern das herrschende Schwingungsfeld gefühlsmäßig mit dem dazugehörigen Gegenpol aufzuladen. Wenn ein Mensch zum Beispiel jähzornig reagiert, ist sein Ego verletzt worden. Aufgrund der Kränkung erzeugt das Verstandesbewußtsein eine Überladung des Feuerelements, das sich als Schwingung in alle Bewußtsein und Organe ergießt. Dieser energetische Überdruck im Körper wird durch jähen Zorn ausgeglichen. Das ist wie der Ausbruch eines Vulkans. Zurück bleibt eine starke innere Erregung, die mit der Lava vergleichbar ist. Alle Nerven, Zellen und Organe sind vom tobenden Feuerelement in Mitleidenschaft gezogen. Ein so veranlagter Mensch sollte in der Meditation folgende Formulierung in der »Du«- und »Wir«-Form anwenden: »Du bist jähzornig, du weißt es. Komm, du tauchst jetzt ein in das Meer der Gelassenheit. Von jetzt an tragen uns die Schwingungen der Gelassenheit. Wir sind ruhig und gelassen in jeder Situation.« Bei dieser Schwingungsumpolung ist es sehr wichtig, den Verstand und das Erinnerungs-Unterbewußtsein nach der Meditation darüber zu orientieren mit dem folgenden Wortlaut: »Ich, du und wir haben das gut gemacht.« Diese Besiegelung in der dem Jähzorn zugeordneten Kammer des Unterbewußtseins ist unumstößlich.

Wir sollten die Kinder niemals mit negativ formulierten Belehrungen korrigieren. Wir sollten niemals den Wortlaut gebrauchen: »Das hast du nicht gut gemacht«, sondern: »Das hättest du besser machen können.« Wenn ein Kind sich für unsere Begriffe unartig aufgeführt hat, sollten wir nicht schelten, sondern vielmehr fragen, aus welchen Beweggründen heraus sein Verhalten entstand. Wir sollten die Kinder nicht mit Verboten erziehen, ohne ihnen zu erklären, wofür die Verbote stehen. Wenn wir diese wenigen grundlegenden Regeln beachten, erzeugen wir in den Kindern weder unsere eigenen noch die Fehler der Welt.

Häufig kommt es vor, daß Menschen von Ängsten getrieben werden, die sie mit keinem Erlebnis ihres jetzigen Lebens in Verbindung bringen und erklären können. Der eine bekommt Schweißausbrüche beim Anblick eines Feuers, der andere fürchtet sich vor einem bestimmten Tier, ein dritter leidet unter Höhen- oder Tunnelangst. Hier können Rückwirkungen aus früheren Leben vorliegen, die wir in Meditationen aufarbeiten können, wenn wir eine längere Meditationserfahrung haben und eine hinreichend tiefe Versenkung erreichen. Man sollte eine solche Umpolung nur unter Anleitung versuchen.

Ich durfte immer wieder in meinen Kursen mit fortgeschrittenen Schülern erleben, daß bei vielen auf diese Weise Phobien aufgelöst werden konnten. Im folgenden schildere ich ein persönliches Erlebnis.

Eines Tages, als ich mich wie üblich versenkt hatte, atmete ich durch meine Chakras mit Hilfe meiner Vorstellungskraft blaues Licht ein. Mit jedem Ausatmen bildete sich langsam vor meinem geistigen Auge ein bläulich schimmernder Vorhang. Ich ging durch ihn hindurch und hatte das bekannte Gefühl, nach oben zu schweben. Ich spürte die Nähe meines geistigen Führers sehr intensiv und versank in Ruhe und Geborgenheit. Die äußere Welt konnte ich leicht loslassen. Alle meine Wünsche und Zwänge lösten sich auf. Vor mir tat sich ein gewaltiger Sternenhimmel auf. Die Sterne glühten wie tausend kleine Sonnen, mit Ausnahme eines Sternes, der blau leuchtete. Seine Ausstrahlung verlieh mir das Gefühl, in Nebel eingehüllt zu werden. Langsam begann ich, mich im Uhrzeigersinn zu drehen. Plötzlich trat ein aktuelles Problem in mein Bewußtsein. Es störte meine Ruhe, aber ich wollte es nicht verdrängen. Gleichzeitig erkannte ich in meinem Unterbewußtsein die Ursache des Problems. Wie die Wurzeln eines Baumes tief in die Erde greifen, so sah ich mein Problem in drei verschiedenen Leben verwurzelt. Ich fühlte mich hilflos. Ich hatte zwar den Wunsch, diese Wurzeln auszureißen, aber in dieser Meditation geschah nichts weiteres mehr. Als ich in mein Tagesbewußtsein zurückgekehrt war, hatte ich Mühe, eine leichte Unzufriedenheit zu überwinden.

Zwei Tage danach meditierte ich erneut. Wieder erblickte ich die tief in früheren Leben verankerten Wurzeln meines gegenwärtigen Problems. Gleichzeitig sah

70

ich in einem Spiegel eine gute Eigenschaft, welche ich mir schon lange gewünscht hatte. Viele Gedanken stürmten plötzlich auf mich ein, und ich fühlte mich kraftlos. Dann fand ich mich in meinem normalen Bewußtsein wieder. Danach beschäftigten mich noch die beiden Meditationserlebnisse derart, daß ich fünf Wochen lang unfähig war, überhaupt zu meditieren. Endlich konnte ich mich wieder einem neuen Versuch zuwenden. Nach wenigen Minuten schwebte ich durch schöne Dimensionen. Ich spürte wieder sehr deutlich den Beistand meines geistigen Helfers. So intensiv wie nie zuvor empfand ich den Wunsch, die besagten Wurzeln auszureißen. Gleichzeitig machte mein Helfer mich darauf aufmerksam, daß man dem Unterbewußtsein niemals eine negative Schwingung wegnehmen dürfe, ohne sie durch eine positive zu ersetzen. Sonst würde sich nach Rückkehr in das Tagesbewußtsein die leere Stelle mit einer negativen Energie aus dem Erinnerungs-Unterbewußtsein auffüllen. Diese dehne sich dadurch aus mit der Folge, daß sie sich in ihren Auswirkungen noch verstärke.

Nun füllte ich sehr bewußt meinen Atemstrom mit Gedankenenergien von Licht, Kraft und Erkenntnis auf. Unablässig atmete ich diese Energien ein. Dabei stellte ich mir vor, wie sie meinen Seelenbewußtsein zuflossen und mein ganzes Wesen aufluden. Ich sah vor meinem geistigen Auge, wie die Wurzeln und die Zweige der drei Bäume durch klebrige Fäden miteinander verbunden waren. Von der Wurzel eines Baumes flossen die Erinnerungs-Energien der drei früheren Leben mit graubräunlicher Farbe in ein Becken, das ich sofort als mein Erinnerungs-Unterbewußtsein erkannte. Ich trennte die Fäden und Wurzelverbindungen durch. In diesem Augenblick verwandelte sich das Becken in einen Spiegel, in *dem ich die gute Eigenschaft als Farbstrom erblickte. Mein geistiger Helfer wies mich an, an dieser Stelle die gute Eigenschaft einzupflanzen. Ich tat dies, und der Spiegel verschwand. Hierbei empfand ich die schöpferische Kraft meiner Gedanken und Ideen. Ich spürte tief lebendig die Gotteskraft in mir und mußte vor Glück weinen. Sehr bewußt empfand ich den Fluß aller Kräfte und spürte, wie sich mein Problem aus früheren Leben auflöste. Die Pflanze der neuen Eigenschaft wurde mit Licht getränkt. In diesem Moment begann mein Sonnengeflecht wie ein silberner Mond zu leuchten. Seine Ausstrahlung zog mich an, ich schwebte durch ihn hindurch, empfand die universelle Liebe und erwachte in meinem Tagesbewußtsein. Diese Erfahrung war eines meiner schönsten Meditationserlebnisse, für das ich noch heute dankbar bin.*

Manchmal leide ich darunter, daß ich mich nur in Worten ausdrücken kann. Erfahrungen mit der geistigen Welt sind deshalb so schwer wiederzugeben, weil Worte zur Beschreibung unserer dreidimensionalen Realität geschaffen wurden. Meine Schilderungen kommen mir sehr armselig vor, denn sie sind nicht einmal ein winziger Bruchteil dessen, was ich empfinde. Es wäre schön, wenn man mit dem ganzen Nuancenreichtum der Farbenwelt das Erlebte wiedergeben oder wenn man es vertonen könnte, weil Musik meistens direkt über das Seelenbewußtsein aufgenommen wird und nicht wie die Worte über den Intellekt.

Je mehr wir auf dem spirituellen Weg vorankommen, um so gewissenhafter müssen wir die Gesetzmäßigkeiten der geistigen Welt beachten. Schon in den irdischen Familien, in der Gesellschaft allgemein ist es so, daß man einem Kleinkind fast alles nachsieht, und auch ein Schüler findet für seine Fehler und Schwächen noch Verständnis. Sehr viel strenger beurteilt man den Studenten, und vom Erwachsenen erwartet man zu Recht, daß er gewisse fehlerhafte Verhaltensweisen abgelegt hat. In gleicher Weise werden auch die Gesetze auf dem geistigen Pfad zunehmend strenger. Dem Suchenden werden stets größere Prüfungen auferlegt. Es kann zum Beispiel niemals ohne Folgen bleiben, wenn Menschen, die mit den geistigen Gesetzen in Verbindung gekommen sind, einen Mitmenschen in irgendeiner Weise verletzen, bekämpfen, schlecht über ihn sprechen oder ihn gar verleumden. Sie werden unweigerlich in ihrer Entwicklung zurückfallen, denn so steht es geschrieben. Menschen mit einem hohen Bewußtsein urteilen niemals über einen anderen. Sie nehmen wahr, wie er ist, ohne sich zu entrüsten oder sich über ihn zu erheben. Sie empfinden ihn in seinem Anderssein, aber hüten sich, ihn und seine Äußerungen zu bewerten. Sie versuchen auch nicht, ihre Sorgen auf andere abzuladen. Vielmehr tragen sie die anderen, erwarten aber nicht, getragen zu werden.

Gewiß, auch wenn wir ehrlich und getreu versuchen, nicht den menschlichen Schwächen zu erliegen, können wir das Ego nicht von heute auf morgen überwinden. Dies ist ein Lernprozeß, der seine Zeit braucht. Aber die Berufung auf das Lernen können die hohen Wächter in den jenseitigen Sphären nur bis zu einer ganz bestimmten Bewußtseinsebene des Menschen gelten lassen. Dann treten die Prüfungen an ihn heran, und wenn er bis dahin gewisse Dinge nicht gelernt hat und versagt, fällt er nach dem Gesetz von Ursache und Wirkung ein Stück in seiner Entwicklung zurück.

Auch die Verantwortung eines Menschen wächst mit seiner Entwicklung. Er wird sich gegenüber der Natur, den Pflanzen und den Tieren anders verhalten und sich immer darüber im klaren sein, daß sein Tun im positiven oder negativen Sinne Auswirkungen hat. Schließlich wird, wenn ein Mensch überwiegend aus seinem Seelenbewußtsein zu leben gelernt hat, sein ganzes Wesen so sehr beeinflußt, daß sich in den Schwingungen seiner Stimme, in seinen Bewegungen, in seiner Gestik, in seiner Körperhaltung, in der Art, wie er die Türe öffnet und schließt, kurz: in seinem ganzen Verhalten Ruhe, Gelassenheit und Harmonie ausdrücken.

Auch teilt sich ein solcher Mensch seine Zeit so ein, daß er weder sich selbst hetzen muß, noch andere hetzt. Er gestaltet sein Leben nicht nur nach den äußeren Zeitperioden, sondern auch gemäß dem Rhythmus seines feinstofflichen Wesens. Zugleich erkennt er die Wichtigkeit dessen an, was nach den Gesetzen der Welt zu erledigen ist. Er hat dann auch gelernt, Wichtiges und Unwichtiges zu trennen und seine Entscheidungen zum genau richtigen Zeitpunkt zu treffen. Er bewältigt in der zur Verfügung stehenden Zeit mehr als früher, ohne dabei zu ermüden. Er verliert sich nicht in planlosen Handlungen und in Geschwätz. Sein Körper braucht nur wenige Stunden Schlaf, weil, wenn er schläft, sein Verstandesbewußtsein sich nicht in unkontrollierten Dimensionen des Unterbewußt-

74

seins aufhält, sondern in sein Seelenbewußtsein eintaucht. In solcher Harmonie ist die Kräfteaufladung des Körpers in wenigen Stunden vollzogen.

Ein Mensch, der mit der Zeit umgehen kann, bürdet sich ganz automatisch nicht mehr Aufgaben auf, als er verantworten kann. Sein Verantwortungsbewußtsein ist so ausgeprägt, daß er sie stets optimal erfüllen will. Er läßt keine Halbheiten zu, weil aus ihnen Fehler entstehen, deren Korrektur wiederum Zeit in Anspruch nimmt. In vollem Bewußtsein mit der Zeit umzugehen, fördert die Disziplin, entwickelt das Gedächtnis, schult das höhere Bewußtsein und vermeidet Unzulänglichkeiten, die sich als negative Erinnerung im Unterbewußtsein speichern. Deshalb ist es so wichtig, daß wir uns hin und wieder über die Nutzung unserer Zeit Gedanken machen. Auch für ungenutzte oder falsch genutzte Zeit sind wir verantwortlich. Leiden andere Menschen unter unseren Halbheiten, verbinden wir uns karmisch mit ihnen. Nicht nur unsere Taten und Handlungen, sondern auch der Umgang mit der Zeit stehen unter dem karmischen Gesetz.

Ein Mensch mit einem entwickelten Bewußtsein vermittelt durch seine Ausstrahlung den Mitmenschen immer das Gefühl, Zeit zu haben, auch dann, wenn er selbst in Zeitnot ist. Die Energie, die er auf den anderen überträgt, hält diesen ohne Worte an, seine Formulierungen präzise und knapp zu halten. Er beherrscht die Kunst, sich auf die seelische Schwingungsebene seines Gegenübers einzustellen und seinen Verstand, aber auch direkt sein Seelenbewußtsein anzusprechen. So spart er Zeit, weil sein Gesprächspartner ihn sofort versteht und sich nicht in Erklärungen verstrickt. Weniger ist dann mehr. Wer den Umgang mit der Zeit beherrscht, gerät nicht in Zwänge, die er wiederum mit Zeitaufwand auflösen muß, und ist überhaupt erst in der Lage, die Dinge geschehen zu lassen.

Wir sollten, wenn wir diesen Text lesen, nicht nur das Gefühl in uns hochkommen lassen: »Ich möchte auch schon so weit sein«, sondern dafür danken, daß wir schon so weit sind, wie wir sind. Wir haben ja die Möglichkeit, jedes neue Gedankengut unserem Wesen über den »Du«- oder den »Wir«-Kanal zuzuführen. Uns ist die Gewißheit gegeben, daß wir damit positive Erinnerungen in den Kammern des Unterbewußtseins schaffen, die die Gegenpole, die Versagens-Erinnerungen, mehr und mehr auflösen. Es ist wichtig, nicht unter der Zeit zu leiden, sondern vertrauensvoll und bewußt mit ihr umzugehen. Die Distanz, die uns vom Ziel trennt, spielt keine Rolle, wichtig ist nur, daß wir auf dem Weg sind. Und vergessen wir nicht: Gott ist in einem jeden von uns, der göttliche Funke ist in allen derselbe, und deshalb steht kein Mensch im Kern seines Wesens irgendeinem anderen Menschen nach.

Die Vieldimensionalität

Eine der faszinierendsten und zugleich hoffnungs-
vollsten Einsichten, die mir in einer Meditation
geschenkt wurde, ist die Erkenntnis der Vieldimensionalität des Menschen: eine Einsicht von fast
unauslotbarer Tiefe. Im allgemeinen leben wir
während unseres irdischen Daseins in der Vorstellung, daß wir auf diesem Planeten Erde und eben
nicht anderswo zu Hause sind. In Wirklichkeit aber
stellt der Mensch ein vielschichtiges Wesen dar, das
sich aus unzähligen Bewußtsein zusammensetzt, die
sich in den verschiedensten Dimensionen gleichzeitig entwickeln. Alle diese Bewußtsein gleichen
eigenständigen und unterschiedlich reifen Persön-
lichkeiten. Wenn Gedanken und Gefühle in uns
auftauchen, die unserem Verstandesbewußtsein
fremd sind, handelt es sich häufig um Einwirkungen
von solchen anderen, aber zu uns gehörenden Bewußtsein. Unser Dasein spielt sich also hier auf der
Erde und, so fremd dieser Gedanke manchem noch
erscheinen mag, gleichzeitig in anderen Welten
und Sphären ab.

Gewiß, dieses große Geschehen entzieht sich
unserem normalen Tagesbewußtsein; denn unser
Verstand baut auf der Wahrnehmung durch die fünf
Sinne auf und ist damit an die Grenzen von Raum
und Zeit gebunden. Deshalb nimmt er nur einen klei-

nen Ausschnitt der Wirklichkeit wahr, auch nur einen kleinen Ausschnitt unserer eigenen menschlichen Wirklichkeit. Der Verstand ist das Werkzeug einzig dieser irdischen Existenz. Unser Hohes Selbst aber umfaßt sehr viel mehr und besteht aus unvorstellbar vielfältigen Energieformen, eben den Bewußtsein.

Wie bilden sich in den verschiedenen Dimensionen unsere vielen Bewußtsein, die unser Verstand nicht kennt, die aber Einfluß auf uns ausüben? Sie entstehen durch die schöpferische Kraft unserer Gedanken, denn im göttlichen Organismus ist der Mensch eine Zelle, die sich teilen und vervielfältigen kann. Jeder Gedanke stellt eine Energie dar, weil er durch die Kraft der Elemente aufgeladen ist. Er hat in seinem Kern ein Bewußtsein, das sich im kosmischen Geschehen verwirklicht. Jeder Gedanke fließt in eine ihm entsprechende Dimension, wo sich das vorhandene Bewußtsein entwickeln kann.

Wenn wir zum Beispiel mit einem aufrichtigen, innigen Gefühl die Fürbitte sprechen: »Liebe und Licht allen Menschen und Wesen!«, und wenn unsere Vorstellungskraft die in diesem Gedanken enthaltenen Bewußtsein mit reinem Licht auflädt, werden neue Energieformen aus unserem Hohen Selbst in das menschliche Sein hineingeboren. Sie ziehen über alle unsere Leben hinweg unsere sämtlichen weiteren Gedanken der Liebe magnetisch an und bilden eine wachsende Kraftstation für uns, die unsere seelische Tragfähigkeit aufbaut. Je mehr Liebesgedanken aus unserer Seele diesen Bewußtsein zufließen, um so stärker ist die Rückstrahlung auf die irdische Existenz, um so liebesfähiger werden

78

wir mit der Zeit. Sind wir durch Kummer und Sorgen in seelischer Not, versuchen diese Bewußtsein, uns durch ihre Ausstrahlung Kraft zu vermitteln. Natürlich ist das Bewußtsein von Liebe und Licht der allumfassenden Liebe Gottes, dem Christusbewußtsein, angeschlossen. Daher dürfen wir mit Zuversicht davon ausgehen, daß uns in schweren Stunden göttliche Kraft zufließt, wenn wir selbst immer wieder Gedanken der Liebe erzeugen.

Genauso verhält es sich mit den Bewußtsein eines bösen Gedankens. Auch diese sammeln alle weiteren negativen Gedankenenergien eines Menschen auf und werden zu einer Kraftstation des Bösen, die als Teil seines Selbst zu ihm gehört und auf ihn ausstrahlt. Aus den Sphären der Dunkelheit lädt es sich mit den Schwingungen der Negativität auf, und die Rückstrahlung auf den betroffenen Menschen ist Haß statt Verzeihung, Trostlosigkeit und Verzweiflung statt Hoffnung und Mut.

Die verschiedenen Bewußtsein sind wie Arbeiter in einem Staat, dessen Präsident das Hohe Selbst des Menschen ist. Als Gott den freien Willen dieser Bewußtsein gewähren ließ und der Mensch nach seinem Ebenbild entstand, blieben diesem göttliche Eigenschaften: die Schöpferkraft des Gedankens und der freie Wille. Daher können im Staate des Menschen alle Arbeiter, die er erschafft, existieren und sich verwirklichen. Die negativ aufgeladenen Bewußtsein, die das Böse darstellen, sind von dieser Entwicklung nicht ausgeschlossen.

Also das Hohe Selbst regiert. Es ist nicht gebunden an Raum und Zeit. Unermüdlich versucht es, die Arbeiter im Menschen zu bewußter Tätigkeit anzuhalten, was nichts anderes bedeutet, als den Gedanken an die Rückkehr zu Gott wachzuhalten. Unablässig hüllt es die Arbeiter in Schwingungen der Liebe ein, die es aus dem Gnadenstrom des göttlichen Bewußtseins bezieht. Es ist besorgt darum, jeden reinen Gedanken in Verwahrung zu nehmen und die weniger guten Gedanken zu harmonisieren. Die Sprache des Hohen Selbst nehmen wir als das Gewissen, als Intuition oder als innere Stimme wahr. Handeln wir zum Beispiel egoistisch, plagen uns Zweifel und innere Unruhe, und wir fühlen uns zur Wiedergutmachung gedrängt.

Bevor wir aus unserer geistigen Heimat in ein irdisches Dasein zurückkehren, suchen wir uns für das irdische Leben eine Aufgabe, eine neu zu lernende Lektion aus. In diesem Entscheidungsmoment sind unserer Seele die Stärken und Schwächen, die Tragfähigkeit sowie die bis dahin in allen Leben erarbeiteten Bewußtsein gegenwärtig. Wir sagen ja zu unserer neuen Aufgabe und nehmen den nötigen Stab an Arbeitern, also keineswegs alle, in unser nächstes Leben mit. Diese Arbeiter haben ihren Standort in den verschiedensten Schichten und Kammern des Unterbewußtseins. Das Hohe Selbst führt uns im Laufe des Lebens an Geschehnisse heran, die uns die Erfüllung der ausgesuchten Aufgabe ermöglichen. Die Vorbereitungen beginnen schon in der Kindheit durch die Eltern, die wir uns ebenfalls vor dem Eintritt in das Leben ausgesucht haben. Sonnenschein, Wind und Regen, die Erfahrungen des Erdenlebens, müssen die harten Krusten des Bodens aufweichen, die das Ego und der falsch eingesetzte Wille gebildet haben.

Erst dann kann der Samen aufgenommen werden. Wenn der Keimling sich zeigt, ist der Mensch zum Bewußtsein seiner Lebensaufgabe durchgestoßen. Oft schaffen wir es im Laufe eines Lebens nicht, die ausgesuchte Aufgabe richtig zu erkennen und können sie dadurch nicht optimal lösen. Dann brauchen wir weitere Leben. Dieser Gedanke muß uns nicht traurig stimmen, denn die Zeit spielt keine Rolle für den Menschen, der ein ewiges spirituelles Wesen ist.

Die mitgenommenen Arbeiter (Bewußtsein) werden im Laufe eines Lebens tätig, indem sie versuchen, aus den Kammern des Unterbewußtseins in das Verstandesbewußtsein zu gelangen. Fehlt diesem eine gewisse Reife, zieht sich der Arbeiter vorläufig in seine angestammte, ihm entsprechende Dimension zurück und entwickelt sich dort gemäß den gegebenen Möglichkeiten. Zu einem späteren Zeitpunkt, wenn das Verstandesbewußtsein reifer geworden ist, machen diese Bewußtsein, die ich Arbeiter genannt habe, einen neuen Versuch, sich durchzusetzen. Gelingt ihnen dies, findet ein Prozeß statt, der sich als Erkenntnis, als inneres Wissen, als Mut, als Durchsetzungsvermögen und Kraft zeigt und uns zu Handlungen befähigt, die beispielsweise vor Jahresfrist noch unmöglich gewesen wären.

Im irdischen Leben haben wir in unserem Gemüt und Gefühl den Überblick nur über die Arbeiter, die gerade aktiv sind. Versuchen sie sich mit Zielen durchzusetzen, die unserem augenblicklichen Denken nicht entsprechen, empfinden wir das als seelisches Ungleichgewicht. Häufig fragen wir uns nicht nach dem Grund solcher Stimmungen, sondern entschuldigen uns mit der Ausrede: »Heute bin ich schlecht gelaunt«. Wenn wir des öfteren so reagieren, kommen wir an einen Punkt, wo wir sagen: »Ich weiß nicht, was mit mir los ist.« Wir haben das Gefühl, undankbar zu sein, weil die äußeren Verhältnisse uns keinen Anlaß zu solcher Unzufriedenheit geben. Indem wir nicht nach innen hören, zertreten wir unsere Arbeiter wie Würmer, die in Wirklichkeit unseren verkrusteten Boden auflockern wollen.

Zu den anderen, sich gleichzeitig in verschiedenen Dimensionen entwickelnden Bewußtsein unseres Hohen Selbst hat der Verstand keinen Zugang. Daher sind wir in unserer Perspektive beschränkt und uns des multidimensionalen Wesens nicht bewußt. Das ist auch gut so, denn unsere menschliche Struktur besäße nicht die Kraft und die Disziplin, mit allen Arbeitern gleichzeitig umzugehen. Wir könnten uns noch mehr verzetteln und vieles, das wir in früheren Leben, in unseren Träumen, in unseren nächtlichen astralen Erfahrungen aufgebaut haben, würde von unserem Verstandesdenken zunichte gemacht.

In dem unermeßlichen Unterbewußtsein der Kraft ruht auch der Funke des Gottesgeistes. Er drängt ans Licht. Wir Menschen empfinden es als Sehnen nach Gott, als inneren Wunsch, gut zu sein. Dieses Drängen weist uns den Weg in die Meditation oder in andere Formen innerer Erfahrung. Wenn dann ein Atom dieses Funkens sich als Geistesblitz loslöst und den Meditierenden in eine Flut von Licht einhüllt, erfährt er dies als Wonne und als Lichterlebnis. Ein solch tiefes Geschehen läßt uns die Größe Gottes nicht begreifen, aber doch erahnen.

Wenn wir uns bemühen, die Kraft der Elemente und die Seele der Natur und allen Lebens in uns zu erfahren, ihre Schönheit mit unseren Augen, mit unserem Herzen zu trinken, kommen wir dem Verständnis unserer Vieldimensionalität und dem Verständnis der Liebe Gottes näher. Wir schließen dann nichts mehr von uns aus, wir erkennen und spüren, daß wir Teil vom Ganzen, vom Göttlichen sind. Der Herzschlag Gottes, der in allem pulsiert, in jedem Mitmenschen, in jedem Tier, in jeder Pflanze und in jedem Stein, aktiviert unsere Bewußtsein so sehr, daß wir in der Achtung vor allem Leben und aus dem göttlichen Liebesstrom heraus fähig werden, wirklich zu leben.

Es gibt in feinstofflichen Dimensionen Bewußtsein unseres Wesens, die viel weiter entwickelt sind als unsere Verstandesbewußtsein. Diese uns zugehörigen Arbeiter sind noch frei von der Hülle eines physischen Körpers und bereiten sich auf eine hohe Aufgabe in einer nächsten Zeitspanne vor. Nimmt dann ein Mensch dieses Bewußtsein als geistiges Kapital mit in ein Leben, ist er zu Außergewöhnlichem fähig. Wir bezeichnen ihn dann als Genie oder Heiligen. Sein Ego ist fast überwunden. Über viele Leben hinweg haben sich Erfahrungen angesammelt und als Bewußtsein in feinstofflichen Ebenen weiterentwickelt. Sind sie so weit gediehen, daß der Geist Gottes das führende Prinzip auch im physischen Körper sein kann, kehrt der Mensch mit ihnen auf die Erde zurück und verwirklicht dort die ausgewählte hohe Aufgabe.

Durch die Liebe und Gnade Gottes ist es den Seelenbewußtsein manchmal unabhängig von der irdischen Entwicklung eines Menschen gewährt, in astralen Wanderungen andere Bewußtsein des Selbst in feinstofflichen Dimensionen aufzusuchen. Astrale Reisen werden niemals durchgeführt ohne die Begleitung der geistigen Führung, des Schutzengels. Durch sie erhält der Mensch Einblicke in sein gesamtheitliches Bewußtsein, das er sich in vielen Leben mit Opfergängen erarbeitet hat.

Wie schon erwähnt, wirken unsere in anderen Dimensionen angesiedelten Bewußtsein oft in das irdische Leben hinein. Der Mensch fühlt sich dann, ohne den Grund zu kennen, in seinem Gemüt erschüttert. Wenn er sich bemüht, ein ehrliches Leben zu leben, spürt er die Auswirkung feinstofflicher Entwicklungen, und oft erfüllt ihn dies mit Freude. Manchmal aber befällt ihn auch eine Traurigkeit, und es kann sogar geschehen, daß er das Gefühl hat, etwas Wichtiges verloren, nicht mehr bei sich zu haben. Wenn er dann aber nicht vom »Ich«, sondern von sich selbst als »Wir« spricht, also nicht sagt: »Ich bin traurig«, sondern: »Wir sind traurig«, öffnet er den »Wir«-Kanal. In jener Kammer im Unterbewußtsein, durch die das kleine Ich teilhat an der Kraft Gottes und seiner Lichtwesen, löst sich sodann die Traurigkeit auf. Für die Entwicklung des Menschen ist es von größter Bedeutung, langsam in das Verständnis hineinzuwachsen, daß dieser Kanal in ihm eine unversiegbare Quelle darstellt. Man kann auch sagen, daß der Wir-Kanal wie die Hand Gottes ist, die uns in allen Lebenssituationen auffängt.

Viele Menschen empfinden irgendwann einmal in sich Kräfte, die sie in eine neue Aufgabe führen möchten. Sie verspüren den Wunsch, aus ihren

Lebensgewohnheiten auszubrechen. Die Umstände, die Gesetzmäßigkeiten ihres Lebens und der Mitmenschen erlauben dies indes häufig nicht. Was solche Menschen über das Gefühl des Ungenügens und der Traurigkeit hinwegführen kann, ist die Gewißheit, daß dieser innere Tatendrang von anderen Bewußtsein ihrer Wesenheit herrührt. Auch diese Erkenntnis ist wiederum eine reine Gedankenenergie, die in jenes Bewußtsein fließt und es verstärkt, das den Drang ausgelöst hat. Dieses Bewußtsein erfüllt seine Aufgabe, indem es sich in Erinnerung bringt. Löst es im Menschen das Gefühl aus, plötzlich ausbrechen zu müssen, tut es häufig nichts weiter als ihn zu prüfen. Er darf aber der begonnenen Aufgabe nicht davonlaufen, wenn sie noch zu Ende geführt werden muß. Erzwingt er gegen die Gesetzmäßigkeit seines jetzigen Lebens den Ausbruch, wird ihn das Gefühl des Unbehagens nicht verlassen. Der Mensch sollte sich in meditativer Versenkung Klarheit darüber verschaffen, was sein Hohes Selbst in der gegebenen Situation wirklich von ihm fordert. Es ist wichtig für uns alle, in einem Bewußtsein zu leben, das die irdische Entwicklung akzeptiert, und gleichzeitig in anderen Bewußtsein, die die geistige Entwicklung anstreben.

Zwischen dem Hohen Selbst und dem gewaltigen Unterbewußtsein steht das kleine Ich. Es verteidigt sich nach oben und unten, nach allen Seiten, und versucht, sich am Leben zu erhalten. Es fehlt ihm das Bewußtsein, daß es einem unsterblichen Wesen zugehört und daß es sich einbinden muß in die Entwicklung des gesamtheitlichen Bewußtseins. Dies ist unsere Aufgabe. Gewiß braucht es das Ich-Bewußtsein, damit der Mensch sich durchsetzen und sich im Leben behaupten kann. Das sollten wir anerkennen und nicht etwa ein schlechtes Gewissen dabei haben. Andererseits müssen wir uns immer wieder in Erinnerung rufen, daß das Ich-Bewußtsein des Verstandes nicht wir sind, sondern daß der Verstand in glcicher Weise nur eine Funktion hat wie zum Beispiel die Beine, mit denen wir uns fortbewegen. Der Verstand ist ein Werkzeug, das etwas ausführt, das vom geistigen Wesen ausgeht, das wir sind. Der Geist benutzt das Instrument Verstand gemäß dem Entwicklungsstand der Bewußtsein (Arbeiter). Unsere ganzheitliche Entwicklung erfordert, daß wir unser Ich-Bewußtsein hineinführen in die Quellen anderer Bewußtsein, damit es vertraut wird mit deren Schwingungen und den anderen Teilen unseres wirklichen Wesens.

Es ist wichtig, das Ich-Bewußtsein zu akzeptieren. »Ich habe das gut gemacht« ist eine wichtige Schwingung im menschlichen Dasein. Aber sie ist nur dann richtig und sinnvoll, wenn wir diese Anerkennung dem »Du«- und dem »Wir«-Kanal zuführen, also sagen: »Du hast es gut gemacht«, und: »Wir haben es gut gemacht«. Damit wird das Ich-Bewußtsein energetisch mit den Seelenbewußtsein verbunden. Das Ich-Bewußtsein wird mit der Zeit ein Sehnen danach bekommen, dem Ganzheitlichen zuzugehören. Dann wird es nicht mehr als selbständiges egoistisches Wesen unser Leben bestimmen, weil es begreift, daß es in das kosmische Leben eingebunden ist.

Anfänglich verwechseln wir in unseren Meditationen noch oft das Verstandesdenken, das Ich-Bewußtsein, mit dem geistigen Denken unseres

Hohen Selbst und unserer Schutzengel. Gewiß haben wir den Verstand bekommen, damit wir die Dinge auch kritisch analysieren können. Beim Meditieren allerdings wird das Verstandesdenken zu einer Sackgasse, die wir vermeiden müssen; es gilt, auf unser *Gefühl* zu hören. Wenn wir so etwas wie Klänge oder Farben in uns spüren, sollten wir uns diesen Empfindungen öffnen und nicht versuchen, sie zu analysieren. Wir könnten diese noch sehr verwundbare Ebene durch das verstandesmäßige Denken wie mit Mißklängen durcheinanderbringen.

Wenn in der Meditation Gefühle und Empfindungen aus dem geistigen Denken in uns aufsteigen, will sich der Verstand noch häufig ihrer bemächtigen und sie für sich in Anspruch nehmen. Der Verstand ist oft im Widerstreit mit dem geistigen Denken. Erst durch Üben lernen wir, schwingungsmäßig den Unterschied in uns zu spüren. Das verstandesmäßige und das geistige Denken sind zwei ganz gegensätzliche Energieformen. Erst wenn wir diese beiden Energien zu unterscheiden gelernt haben, können wir den Durchbruch zu uns selbst, zu unserem geistigen Wesen schaffen, und dann beginnt alles wie von selbst zu fließen. Im Erkennen des geistigen Denkens, der Sprache des Hohen Selbst, liegt eine wunderbare Kraft, ein Zauber. Das geistige Denken fühlen wir, als würde uns eine wunderschöne Musik erfassen. Das geistige Denken ist immer von einer Art Freude begleitet. Mit ihm geht etwas ganz Neues in uns auf, etwas, das nicht wiedergegeben werden kann, weil es in der menschlichen Sprache keine Beschreibung dafür

gibt. Auch hier sind die Übungen mit dem »Du«-
und dem »Wir«-Kanal wichtig. Sie helfen, den
Weg zum Verständnis dieser beiden Energien ab-
zukürzen.

Unser Ich-Bewußtsein wird oft durch eine
falsche Erziehung und ein ungenügendes Verständnis religiöser Gesetze verletzt. Oft wird uns gesagt,
wir seien schlecht, und dabei wird vergessen, daß
auch das Ich-Bewußtsein ein Werkzeug ist, das uns
Gott gegeben hat, damit wir uns im irdischen
Dasein entwickeln. Wenn wir gestolpert, ja gar hin-
gefallen sind, uns aber im Vertrauen auf Gott
wieder erheben, besitzen wir kein Recht, uns als
schlecht oder böse hinzustellen, denn durch die
Menschwerdung Jesu Christi sind uns unsere Fehler
vergeben.

Hat ein Mensch gelernt, sich mit seinen guten
und weniger guten Eigenschaften zu akzeptieren,
und ist er ehrlich bemüht, aus seiner Mitte heraus
zu leben, muß er sich weder größer noch kleiner
machen, als er ist. Wir sollten immer zu dem
stehen, was wir in uns fühlen, und uns nicht beirren
lassen von anderen Meinungen, die unseren Seelenbewußtsein nicht entsprechen. Wohl sollen wir
anderen Auffassungen gegenüber offen sein, aber
auch den Mut haben, nur das anzunehmen, was uns
weiterhilft. Geistig offen sein heißt auch, daß wir
Dinge, deren wir uns nicht sicher sind oder die wir
im Moment nicht verstehen, zur Überprüfung
unseren anderen Bewußtsein zufließen lassen.
Wenn wir diese Möglichkeit als Gedanken in uns
tragen, programmieren wir sie in unserem Erinnerungs-Unterbewußtsein.

Stirbt ein Mensch im Bewußtsein der Multidimensionalität, kann er nach seinem freien Willen
sich entweder über ein astrales Leben weiterent-
wickeln oder sich anderen Energieformen anschließen und mit ihnen weiterarbeiten. Ein solcher
Mensch muß die vierte Dimension der Astralsphäre
erarbeitet haben. Wenn er dann freiwillig zur Erde
zurückkehrt, nimmt er dieses höhere Wissen in das
Leben mit und kann davon Gebrauch machen.

Ich habe bereits im Eingang dieses Kapitels über
den Gedanken: »Licht und Liebe allen Menschen,
allen Wesen!« gesprochen und wiederhole ihn hier,
weil ich meine, daß wir mit der Kraft dieses Gedankens jeden Tag ein bißchen mehr Frieden und
Licht in die Welt bringen können. Er nimmt nur
wenige Sekunden in Anspruch, hat aber für die Geschehnisse der Welt eine große Bedeutung. Eines
jeden Menschen guter Gedanke ist wie die Kraft der
Sonne, die das Leben der Erde erhält und die Kraft
der Weltseele zu stärken vermag.

Begegnungen mit Verstorbenen

Bereits in jungen Jahren hatte ich sonderbare Erlebnisse mit Seelen Verstorbener. Einmal sah ich nach seinem Tod meinen Großvater, dem ich sehr verbunden war, als Lichtgestalt. In der Kindheit nahm ich solche Erlebnisse als etwas Natürliches auf und war davon überzeugt, daß alle Menschen die gleichen Erfahrungen machen. Erst als mir zu Bewußtsein kam, daß dem nicht so ist, mischte sich mein Verstandesdenken ein, und Angst und Zweifel befielen mich. Ich getraute mich nicht mehr, mit anderen darüber zu sprechen. Diese Angst blockierte mich derart, daß ich über lange Jahre hinweg keine Erscheinungen mehr hatte. Auch jetzt fällt es mir noch nicht leicht, darüber zu schreiben, weil die Menschen in ihrer Mehrheit alles, was sie nicht auch selbst sehen, für unwahr halten. Um aber die Leser, die ähnliche Erfahrungen mit Verstorbenen gemacht haben wie ich, zu bestärken, diese Begegnungen ernst zu nehmen, greife ich hier das Thema auf. Ich möchte an dieser Stelle ein Erlebnis schildern, das noch gar nicht lange zurückliegt.

Eines Nachts wachte ich auf: Ich mußte geträumt haben, aber ich konnte mich an nichts erinnern. Mein Kopf war schwer und voller Gedanken. Ich stand auf, um ein Glas Wasser zu holen. Als ich im Dunkeln die Treppe hinun-

terging, hörte ich, wie jemand laut und deutlich »Hallo!«
rief. Zuerst dachte ich, mein Mann sei wach geworden
und er hätte mich gerufen. So stieg ich die Treppe wieder
hinauf, fand ihn aber in tiefem Schlaf. Ich war er-
schrocken und dachte an Einbildung. Als ich wieder die
Treppe hinunterstieg, hörte ich an der gleichen Stelle
wieder das »Hallo!«. Ich hatte ein wenig Angst und
zündete das Licht an. Als ich nichts Außergewöhnliches
feststellte, begab ich mich wieder zu Bett. Drei Tage da-
nach wachte ich des Nachts erneut auf. In Erinnerung
an den nächtlichen Zwischenfall getraute ich mich
zunächst gar nicht aufzustehen. Als ich mich zur Seite
drehte, hörte ich wieder laut und deutlich »Hallo!«. Es
klang so, als spräche jemand durch einen Lautsprecher in
meinem Zimmer. Der Ruf wiederholte sich noch zwei-
mal, dann blieb es still. Am nächsten Tag nahm ich mir
vor zu antworten, falls sich das Ereignis wiederholen
sollte. Dann, eines Nachts, erwachte ich wieder. Mir fiel
auf, daß es immer vier Uhr morgens war. Ich machte
kein Licht und spürte Schwingungen, die ich vordem
noch nicht wahrgenommen hatte. Dann kam es wieder,
dieses blecherne und doch lieblich tönende »Hallo!«. Ich
nahm allen Mut zusammen und erwiderte den Gruß.
Plötzlich sah ich eine Lichtgestalt in der Ecke meines
Zimmers. Ich empfand gleichzeitig Angst und Freude.
Nach wenigen Sekunden verschwand die Gestalt wieder.

Bis heute weiß ich leider nicht, wer dieses Wesen
war und was es wollte. Ich hoffe, daß es sich wieder
einmal meldet. Das Weiterleben eines Menschen
im Astralkörper befähigt ihn, durch die Materie
hindurchzugehen, also durch die Wand in ein
Zimmer zu gelangen. Häufig kommen Verstorbene

zurück, um die Hinterbliebenen zu trösten und sie wissen zu lassen, daß es ihnen gutgeht. Dies tun sie in der Regel nur in den Tagen unmittelbar nach ihrem irdischen Ableben.

An jenem schmerzlichen Tag, an dem man meinen Vater zu Grabe trug, hatte ich abends zwei Meditationsklassen zu führen. In meiner Trauer fühlte ich mich eingeengt, und ich hatte auch Angst, mich nicht konzentrieren zu können. Meine leise, zittrige Stimme kam mir selbst fremd vor. Den gut vorbereiteten Meditationstext sprach ich, ohne viel zu denken, vor mich hin. Glücklicherweise mußte ich nicht weinen. Innerlich betete ich unaufhörlich und inständig wie nie zuvor um Kraft und Licht. Dabei stellte ich mir vor, daß mit jedem Einatmen die Energie von Kraft und Licht in mein höheres Bewußtsein floß. Als ich die Schüler an den Punkt herangeführt hatte, wo wir uns gemeinsam der inneren Betrachtung zuwandten, erlebte ich etwas sehr Seltsames.

Auch ich schloß meine Augen. Mein Körper war ruhig geworden und entspannte sich immer tiefer. Nur meine üblichen Meditationsbilder blieben aus, worüber ich sehr traurig war. Es war lange Zeit dunkel vor meinen Augen. Geduldig betete ich weiterhin um Licht und Kraft, um irgendein Zeichen. Lange Zeit geschah nichts. Ich fühlte mich einsam und verlassen. Plötzlich empfand ich in meiner Herzgegend einen stechenden Schmerz. Ich bekam schreckliche Angst und wußte nicht, was zu tun sei. Ich flehte um Kraft und Licht; etwas anderes fiel mir nicht ein. Die Zeit war schon so vorangerückt, daß ich die Schüler in ihr Tagesbewußtsein hätte zurückholen

müssen. Ich zitterte am ganzen Körper und öffnete meine
Augen. Doch verblieb ich im trance-ähnlichen Zustand,
hatte also kaum ein Körpergefühl. Unerwartet sah ich
plötzlich etwa zwei Meter vor mir ein bläulich-weißes
Licht. Ich träumte nicht, meine Augen waren ja ge-
öffnet. In diesem Licht erblickte ich eine helle Gestalt. Sie
trug eine blaue, stark duftende Blüte in der Hand. Ich
erkannte die Gestalt nicht, das Gesicht war sehr ver-
schwommen. Im Innersten aber hatte ich das Empfinden,
daß dies ein Zeichen meines Vaters sein könnte. Ich
fürchtete mich ein bißchen und betete weiter um Licht
und Kraft. Der Wunsch, das Ganze zu verstehen, schrie
in mir. Dann spürte ich einen warmen Strom durch
meinen Körper fließen. So ist also Licht und Kraft im
Empfinden, dachte ich. Eine unbeschreibliche Glück-
seligkeit breitete sich in mir aus.

Nach einer kleinen Weile löste sich die Gestalt wieder
auf. Nachdem ich mich etwas gefaßt hatte, holte ich die
Schüler ins Tagesbewußtsein zurück. Das ganze Ge-
schehnis dauerte etwa drei Minuten.

Wie gewohnt, ließ ich mir von jedem Meditations-
teilnehmer seine Erlebnisse erzählen. Ich war nicht
wenig überrascht, als fast die Hälfte der Anwesenden
schilderte, fühlbar von einem bläulich-weißen Licht
eingehüllt worden zu sein. Einige fragten mich, ob
ich auch den starken Rosenduft verspürt oder ob ich
den Raum mit Parfüm besprüht hätte. Ich wollte zu
meinem Erlebnis keine Erklärungen abgeben. Vor
lauter Glückseligkeit glaubte ich, Flügel zu haben.
Meine Trauer war für immer aufgelöst. In der nachfolgenden Meditationsstunde wünschte ich mir das
Vorgefallene sehnlichst zurück, doch leider wieder-

holte es sich nicht mehr. Später, als mich täglich viele Briefe von Lesern meiner Bücher und von Fernsehzuschauern erreichten, wurde ich vielfach an dieses schöne Erlebnis erinnert, erzählten doch viele Menschen auch ihrerseits von Begegnungen mit Verstorbenen. Meistens sehen sie sich durch solche Erfahrungen in ihrem Glauben an eine jenseitige Welt bestätigt und fühlen sich ermutigt, in der Meditation auch den Kontakt mit ihrer persönlichen geistigen Führung, dem sogenannten Schutzengel, zu suchen. Ein solcher Helfer auf der metaphysischen Ebene, von dem das nächste Kapitel handelt, kann durchaus auch ein bekannter oder ein verwandter Verstorbener sein, der einen gewissen seelischen Entwicklungsgrad erreicht hat; es kann aber auch ein Lichtwesen sein, das sich nie auf Erden verkörpert hat.

In den darauffolgenden sechs Monaten träumte ich noch zweimal von meinem Vater. Im ersten Traum sah ich ihn durch die Wand in mein Zimmer kommen. Obwohl es mein sehnlichster Wunsch war, konnte ich mich nicht mit ihm verständigen. Er lächelte mir zu und verschwand wieder. Ich erwachte und war überzeugt, nicht einfach nur geträumt zu haben. Im zweiten Traum schwebte ich mit meinem Astralleib aus dem Zimmer hinaus. Ich suchte meinen Vater. Plötzlich sah ich ein helles Licht und folgte ihm. Nach einer Weile des Schwebens sah ich ihn vor mir. An seiner Hand führte er ein Kind. Obwohl er nicht in Worten sprach, konnte er mir mitteilen, daß das Kind sein Bruder sei. Ich schwieg, weil ich davon nichts wußte. Wir schwebten zusammen durch viele farbige Schichten hindurch und kamen in eine blaue Dimensi-

on mit vielen Hügeln, Klängen und Blumen. Mein Vater zeigte auf ein in der Ferne stehendes blaues Haus. Er gab mir zu verstehen, daß er jetzt in dieses Haus in Klausur gehen werde. Er lächelte mir zu und schwebte von mir fort. Das Kind führte er immer noch an der Hand. Das Gesicht meines Vaters leuchtete, und er lächelte so schön, wie ich es vorher nie an ihm gesehen hatte. Jemand nahm mich bei der Hand, und wir schwebten zurück. Alsdann erwachte ich in meinem Bett. Ein nicht beschreibbares Glücksgefühl durchströmte mich. Bei Gelegenheit fragte ich meine Mutter, ob denn mein Vater je einen Bruder gehabt habe. »Wie kommst du denn darauf? Das war ja lange vor deiner Zeit!« Ich schwieg und schaute sie nur fragend an. Ja, sagte sie dann, aber er sei vor der Geburt meines Vaters gestorben. Dann muß ich einen Wahrtraum gehabt haben, antwortete ich lachend und froh.

Die geistigen Helfer

Schon als Kind betete ich viel und hatte eine tiefe innere Beziehung zu Gott und meinem Schutzengel. Ich fühlte mich überglücklich, daß Gott mich unter seine Obhut gestellt hatte. Wenn ich im Wald Holz sammeln mußte, was ich ungern tat, fürchtete ich mich sehr. Einmal tauchte plötzlich zwischen den Bäumen eine weibliche Lichtgestalt in einer Aureole vor mir auf. Sie trug ein rosa schimmerndes, bis zum Boden wallendes Gewand und vermittelte mir ein Gefühl des Schutzes. Sie lächelte mir zu und löste sich dann wieder auf. Ich habe anschließend beim weiteren Holzsammeln die ganze Zeit mit dieser Dame, die für mich der Schutzengel war, gesprochen, weil ich die Gewißheit hatte, daß sie noch um mich herum war, auch wenn ich sie nicht mehr sah. Leider erschien sie mir während meiner Kindheit nur noch ein zweites Mal. Dies geschah, als ich in einem fast leeren Bachbett spielte und Steine auftürmte. Plötzlich bemerkte ich die feinstoffliche Dame einige Meter vor mir. Ich nahm das Ganze mit kindlicher Selbstverständlichkeit, war auch so in mein Spiel vertieft, daß ich nur sagte: »Schön, daß du wieder hier bist. Danke!«, und weiterspielte.

Durch die regelmäßig ausgeführte Meditation kam ich im Laufe der Jahre so weit, daß ich nicht nur schwingungsmäßig die Anwesenheit von Helfern spüren konnte, sondern sie immer häufiger mit meinem geistigen Auge sah. Einige wenige Male erblickte ich sie auch mit meinen physischen Augen.

Die Begegnungen mit meinen Helfern zählen auch heute noch für mich zu den schönsten und intensivsten Erlebnissen. Mir fehlen die Worte, diese Lichtgestalten zu beschreiben. Ihnen verdanke ich im besonderen die Vertiefung meiner Gottesbeziehung.

In Träumen höre ich oft ihre wunderbaren Gesänge. Sie fordern mich immer auf, mich ihnen anzuschließen. Sie lehrten mich, mit meiner Seele zu singen. »Ruhm und Ehre unserem Vater«, diese Worte klingen als unbeschreibliche Schwingungen durch den Äther. In meinen Träumen empfinde ich jeweils diese Seelenschwingungen als feinste, unsichtbare Fäden, aus denen sich mein Leben formt. Die Bedeutung des Ausspruchs: »Du kannst nicht tiefer fallen als in Gottes Hand«, ist mir dank meiner Helfer begreiflich geworden. In anderen Träumen sah ich Gott als Altar, und die Schutzengel waren helle, leuchtende Stufen, über die ich zum Altar gelangen konnte. Nach allen diesen nächtlichen Erlebnissen empfinde ich mich oft wie aufgelöst im Vater, in Gott. Glücklich und traurig zugleich kehre ich am darauffolgenden Morgen zu den Tagesaufgaben zurück.

Manchmal werde ich gefragt, ob ich denn die Helfer mehr liebe als Gott. Ganz erstaunt antworte ich dann: »Nein, sicherlich nicht!« Jedoch sind sie es, die mir beistehen und erklären, daß ich vor der Größe des Vaters keine Scheu zu haben brauche, wenn ich mich wegen meiner Unvollkommenheit immer wieder klein und unwürdig fühle. Immer wenn mir etwas mißlang und ich so niedergeschlagen war, daß ich nicht aus eigener Kraft wieder Mut fassen konnte, spürte ich den Trost meines Helfers, der mich segnete, so daß ich mich von ihm getragen fühlte. Stets aufs neue höre ich mit Freude meinen geistigen Lehrern in der Meditation zu, wenn sie in unermüdlicher Weise unseren Schöpfer ehren und preisen. Dann erwächst in mir der tiefe Wunsch: »Könnte ich unserer Welt doch nur ein einziges Mal diese unbeschreiblich schönen Dankgesänge hörbar machen!« Ich kann es nicht. Ein Grund mehr, warum ich mit diesem Buch anderen Menschen das Meditieren nahebringen möchte.

Diese Wesen, die als durchsichtige, feinste Nebelgestalten mit hell leuchtendem Licht zu vergleichen sind, strahlen Liebe und Güte aus. Unermüdlich sind sie dabei, uns zu führen, uns Gefühle der höheren Verantwortung und der Nächstenliebe zu vermitteln. Sie haben unerschöpfliche Geduld mit uns und absoluten Respekt vor unserem freien Willen. Jeder Mensch hat einen oder auch mehrere, dem Grad seiner Bewußtseinsentwicklung angepaßte Schutzengel. Wenn wir in unserer Entwicklung vorankommen und sich die Frequenz der Schwingungen unserer Chakras erhöht, wechseln auch die Helfer, und neue aus höheren Dimensionen übernehmen unsere geistige Führung. Ab einer gewissen Entwicklungsstufe kann es vorkommen, daß die Helfer dem Menschen sagen, wie lange sie ihn auf dem Lebensweg begleiten oder ob sie ihn zu gegebener Zeit auch über die Schwelle der Erde führen.

Wenn ich von Kontakten mit Helfern aus der geistigen Welt rede, sind es Wesen, die mindestens die dritte Astraldimension überwunden haben. Es gibt natürlich unzählige weniger entwickelte Seelen, die Kontakt zu Menschen suchen. Da sie sich oft selbst noch in schwierigen Entwicklungsstadien befinden, wirken sie im Umgang mit Menschen wenig hilfreich, und manchmal ketten sie sich an jemanden an und versuchen, ihre erdgebundenen Wünsche und Süchte durch ihn zu verwirklichen. Viele Spiritisten kommen oft nur in Kontakt mit Poltergeistern und erhalten zweifelhafte Informationen. Wir müssen uns vor Augen halten, daß die Verstorbenen durch den Übertritt in die feinstoffliche Dimension, in das Leben nach dem Leben, nicht automatisch bessere und klügere Wesen geworden sind. Man sollte von Anfang an in der Meditation das Bewußtsein auf die persönliche geistige Führung richten, auch wenn man sie nicht kennt. Dann hat man die Gewißheit, daß man in der Versenkung immer beschützt und keinen gefährlichen Kräften ausgesetzt ist. Wie man den Kontakt aufnehmen kann, habe ich im letzten Kapitel dieses Buches beschrieben.

Dem Besucher einer Hellsehsitzung, der seiner eigenen Intuition zu wenig vertraute und stets Rat bei anderen Menschen suchte, gab die geistige Welt die Auskunft, jeder Helfer sei wie eine Energie, die für den Schutzbefohlenen bereitstehe und auch darauf warte, in Anspruch genommen zu werden. Der Besucher, so hieß es, möge alle Fragen immer zuerst in seinem Herzen bewegen, sie auch dem »Du«- und dem »Wir«-Kanal zuführen, bevor er sich ratsuchend an Dritte wende. »Bemühen Sie sich immer, die Antworten in sich selbst zu finden; denn Ihre geistige Führung, die ja in Ihnen ist, erwartet dies von Ihnen. Wenn Sie alle Dinge im Vertrauen auf Gott zunächst selbst zu lösen versuchen, werden Ihre Helfer Ihnen den Weg weisen, und Sie werden viele Umwege des Verstandes vermeiden.«

Wir alle, auch Sie und Ihr Helfer, sind Teil des Göttlichen. Und Sie sind in besonderer Weise ein Teil Ihres Helfers, so wie er ein Teil von Ihnen ist. Er ist Ihnen also nicht fern, sondern im Gegenteil nach dem göttlichen Plan in besonders enger Weise mit Ihnen verbunden. Durch Ihre Geduld, Ihre Beharrlichkeit in der Meditation kann auch er sich entwickeln, so wie Sie dank seiner inspirativen und intuitiven Führung auf Ihrem geistigen Pfad vorankommen. Versuchen Sie in allen Meditationen, sich ganz hineinzugeben in die geistige Führung, die, wie gesagt, ein Teil von Ihnen ist, so wie sie ein Teil vom Ganzen ist; denn im geistigen Leben gibt es keine Trennung.

Es gibt auch Helfer, die von der geistigen Welt Joker genannt werden. Wir kennen den Namen vom Kartenspiel, bei dem die Karte mit dem Joker, dem Spaßmacher oder Narren, überall da eingesetzt werden kann, wo eine Karte fehlt. Nicht jeder Mensch hat einen Helfer dieser Art. Und mancher, der einen Joker hat und in besonderen Lebenssituationen Hilfe von ihm erhält, weiß nichts davon. Wenn ein Mensch über die Meditation Kontakt mit seinem Joker gefunden hat, kann er ihn bitten, für andere oder sich selbst Aufträge zu übernehmen. Herrscht zum Beispiel in einer Familie Trauer, kann der Joker ein besonderes Ereignis in sie hineintragen, durch das die Gemüter zur Freude zurückgeführt werden. Aber nicht nur Aufmunterung und Erheiterung gehören zu seinen freiwilligen Aufgaben. Wo immer der gute Gedanke fehlt, um in einer Situation voranzukommen, zum Beispiel, wenn man in einer Bemühung für andere steckenbleibt, kann der Joker durch einen Einfall weiterhelfen. Er ist dann wie das As, das gefehlt hat. Mit Schmunzeln erinnere ich mich an eine Hellsehsitzung, die ich vor Jahren einer Freundin gab. Sie war eigentlich ein fröhlicher Mensch, steckte aber damals gerade in einer pessimistischen Phase. Der Joker griff ihre Ansichten auf und arbeitete alle überhaupt möglichen positiven Perspektiven in einer so zwingenden Form und mit so viel Witz und Humor heraus, daß wir beide uns nicht mehr vor Lachen zu helfen wußten.

Mit besonderer Freude behüten Joker die Kinder. Vergessen wir nicht, daß Kinder in ihrem Seelenbewußtsein reifer sein können als Erwachsene. Die geistige Welt spricht in diesen Fällen von »alten Seelen«, also solchen, die in früheren Inkarnationen oder in anderen Dimensionen schon einen weiten Entwicklungsweg gegangen sind. Durch die Unverdorbenheit ihres Gemüts sind Kinder im Gebet sehr natürlich, und durch das reine Schwingungsfeld, das sie dabei aufbauen, finden sie leichter Kontakt zu den Helfern. Sie können sich auf ganz selbstverständliche Weise des Schutzes der Engel, eben ihrer Schutzengel, versichern. Kinder fühlen sich in diesem Wissen geborgen und sind Ängsten weniger ausgeliefert. Wir sollten unsere Befangenheit als Erwachsene überwinden und den Kindern wieder den Schutzengel ans Herz legen.

Meditation als Therapie

Leider wissen die wenigsten Menschen – oder aber sie glauben es nicht –, daß auch die Körperorgane Bewußtsein haben. Alle Bewußtsein im Körper sind dem Gehirn wie einer Zentrale, angeschlossen. Jeder Gedanke, ob er ausgesprochen wird oder nicht, fließt als Energie in die jeweiligen Organbewußtsein. In seiner Aufladung ist er wie auch jedes einzelne Körperbewußtsein zweipolig. Ein negativ aufgeladener Gedanke verstärkt den negativen, ein positiv aufgeladener Gedanke aktiviert den positiven Pol des Organbewußtseins. Daher ist es wichtig, wie wir denken. (Der 1944 verstorbene Dr. Giuseppe Calligaris, Professor für Neurologie und Psychologie, zuletzt Dozent für Neuropathologie an der Universität von Rom, schrieb bereits 1901 eine Doktorarbeit mit dem Titel: »Der Gedanke heilt«. Dieser Gelehrte, wohl eines der größten und zugleich verkanntesten Genies dieses Jahrhunderts, entdeckte in seinen späteren wissenschaftlichen Arbeiten physische und metaphysische Eigenschaften des menschlichen Körpers, die das wissenschaftliche Weltbild revolutionieren [Tarozzi/Fiorentino, Calligaris, VGM Verlag für Ganzheitsmedizin, Essen 1981].)

Man kann nicht in jedem Fall sagen, jemand sei krank, weil er falsch denkt, aber immerhin sind etwa siebzig Prozent der Krankheitsfälle den negativ aufgeladenen Körperenergieströmen zuzuordnen, also durch falsches Denken und durch die Angst entstanden. Pessimismus zum Beispiel wirkt in den Drüsen und Organen so, als würde mit dauernd angezogener Handbremse Auto gefahren.

Wenn ein Mensch erkrankt ist, besteht der erste Schritt zum Gesundwerden immer in einer gedanklichen Umstrukturierung, also in einer Verbesserung der Qualität der Energieströme. Steht eine körperliche Genesung nicht im höheren geistigen Gesetz geschrieben und verschlechtert sich möglicherweise noch der Gesundheitszustand, bewirken positive Gedanken in den feinstofflichen Organen und Körpern eine Art magnetischer Kraft, die sich auf die seelische Tragfähigkeit auswirkt. Ein Patient wird dadurch im Laufe der Zeit fähig, sein Leiden trotz der schweren körperlichen und seelischen Belastung anzunehmen. Tritt eine Seele infolge von Krankheit über die Schwelle der Erde, so hilft diese erzeugte Kraft bei seinem Sterbeprozeß. Positive Gedanken, auch im schwersten Krankheitsfall, sind also immer eine Hilfe. Ich kann mir gut vorstellen, daß es Schwerstkranken oft nicht leicht fällt, in ihrer schwierigen Situation noch positive Gedanken aufzubringen. Hier kann eine Heilmeditation sehr hilfreich sein.

Natürlich spielen nicht nur die persönlichen Gedanken des Menschen eine Rolle im Kranksein. Der jeweilige Zeitgeist, in dem die Entwicklung des Jahrhunderts und der in ihm lebenden Menschen zum Ausdruck kommt, hat auch einen großen Einfluß auf den einzelnen. Das Gesamtheitliche wirkt immer auf das Individuelle, wie umgekehrt das Individuelle auf das Gesamtheitliche. Hier erinnern wir uns an das Gesetz von Ursache und Wirkung. Es gibt Menschen, die von ihrer Struktur her empfänglicher sind für die Seele der Welt, und aus diesem Grund leiden sie oft mehr als andere. Sie werden von der geistigen Verschmutzung unserer Umwelt infiziert. Ich habe im Moment nur vage Vermutungen darüber, was die immer häufiger auftretenden Viruserkrankungen bedeuten, hege aber die Hoffnung, von der geistigen Welt auch hierüber bald mehr zu erfahren.

Krankheit gehört zu unserem Planeten, so wie die Sonne zum Tag und der Mond zur Nacht. Das Wesentliche ist wohl das Verständnis, wie wir damit umzugehen und zu leben haben.

Die regelmäßig ausgeführte Heilmeditation ist ein Weg, diesem Verständnis und der Einsicht in die höhere Bedeutung der Krankheit etwas näherzukommen. Die Heilmeditation ist als neue oder wiederentdeckte Therapie für die Kranken ein Zeichen unserer Zeit der Wandlungen. Immer mehr werden auch die Verantwortlichen in den Spitälern für Anleitungen zu solchen Meditationen sorgen. Es gibt viele Ursachen für Krankheiten, und es gibt viele Medikamente und Therapien, aber sie wirken nur dann optimal, wenn nicht nur die körperlichen Symptome bekämpft werden, sondern auch das seelische Bewußtsein angesprochen wird. Sonst – das ist das Gesetz der Logik – entstehen neue Krankheiten. Erst wenn wir Menschen gelernt haben, ein Medikament ohne Angst und aus dem Seelenbewußtsein heraus einzunehmen, daß es uns wie eine Brücke an das andere Ufer führt, nämlich zur Gesundheit, werden wir fähig, Krankheiten zu besiegen und brauchen sie nicht mehr als Lernprozesse. In welchem Gedanken und in welcher Vorstellungskraft wir ein Medikament überreicht bekommen und es einnehmen, ist mitbestimmend dafür, wie schnell wir geheilt werden.

Nicht nur für Gesunde, sondern auch für Kranke ist deshalb die Meditation eine wichtige Hilfe. Wenn wir in der Meditation den negativ aufgeladenen Kanal des Erinnerungs-Unterbewußtseins schließen und dem Medikament aus dem positiven Unterbewußtsein der Kraft die nötigen geistigen Energien zuführen würden, wären wir fast immer fähig, Krankheiten zu heilen – bis schließlich unser Bewußtsein so weit entwickelt ist, daß wir kein Medikament mehr brauchen. Solange wir darauf angewiesen sind, sollten wir es niemals mit Angst einnehmen, sondern immer in der Gewißheit, daß wir einen Lernprozeß durchwandern. Er besteht darin, daß wir in Dankbarkeit ein Hilfsmittel annehmen, dessen chemische Substanz wir mit unserem Seelenbewußtsein zur Heilwirkung bringen. Das klingt für manche Ohren phantastisch, nicht faßbar. Aber warum versuchen Sie es nicht?

Es gibt auch Menschen, die vor ihrem Eintritt in dieses Erdenleben freiwillig zu einem Opfergang des Leidens ja gesagt und sich das Schicksal einer körperlichen oder einer seelischen Krankheit ausgesucht haben. Sie sind während ihrer Inkarnation über lange Jahre hinweg, entweder fortdauernd oder von Zeit zu Zeit, einer gewissen kosmischen Energie angeschlossen, deren Bewußtsein die Gabe der Aufopferung für diese Welt enthält. Man kann mit einfachen Worten auch sagen, daß das Leiden Jesu Christi durch sie weiterlebt. Wir dürfen nicht glauben, daß das Bewußtsein dieses Geschehens mit dem Opfertod Christi etwa ausgelöscht wäre. Es besteht weiter, und die Menschen, die auf solche Weise freiwillig Schmerzen ertragen, haben sich diesem Bewußtseinskanal angeschlossen. Sie sind nicht nur Träger des Lichtes, sondern auch des Kreuzes. Als Beispiel nenne ich einen Heiligen unserer Tage, den 1968 verstorbenen italienischen Kapuziner Pater Pio. Er ist einer jener Menschen, die wie Michelangelo oder Rudolf Steiner den Übergang unseres Planeten in die höhere Schwingungsfrequenz des neuen Zeitalters mit dem Einsatz ihrer ganzen Liebe und Kraft in den jenseitigen Sphären begleiten.

Nicht alle, die freiwillig eine Krankheit auf sich genommen haben, sind sich der vor ihrer Wiederverkörperung getroffenen Entscheidung bewußt. Vielfach ist es so, daß sie es in den tiefsten Tiefen ihrer Seele eben doch wissen oder fühlen. Dies gibt solchen Patienten eine große innere Kraft, die sich anderen Menschen mitteilt – als strahlende Liebe, als Güte, als zufriedenes Einssein mit sich selbst. Ihre Kraft wächst in dem Maße, in dem sie sich bewußt werden, daß sie teilhaben am Opfergang, der diese Welt mitträgt und – erlöst.

Eine Bekannte von mir erkrankte schwer. Ihre einzige Rettung war die Transplantation. Ihr wurde eine Niere und eine Bauchspeicheldrüse eingepflanzt. Die Operationen wurden mit Erfolg durchgeführt. Anfänglich blieb die große Angst zurück, die sich täglich verstärkte durch die ständige Frage, ob der Erfolg dauerhaft bleibe. Hin und wieder führten wir Gespräche, in denen ich mit Freude feststellte, daß sie eine außergewöhnliche Beziehung zu ihren Spenderorganen aufbaute. Ich bestärkte sie, das Bewußtsein der fremden Organe anzusprechen, sie körperlich und seelisch mit Liebe anzunehmen und ihre Tätigkeit, ihre Einordnung in den Haushalt des Körpers zu loben. Bei einem weiteren Zusammentreffen erklärte sie mir, daß zu ihrem Genesungsprogramm auch die Einstellung gehöre, sich mit den Resultaten der ärztlichen Erhebungen nicht zu befassen. Deshalb lehne sie die Bekanntgabe der Resultate von Anfang an ab. Sie war fest davon überzeugt, daß eventuelle leichtere Störungen, die ja auch bei gesunden Menschen vorkommen können, vom Unterbewußtsein falsch aufgefaßt und den Körperorganen als Schwingungen der Angst zufließen würden.

Sie meditierte oft und verlor dadurch die Angst. Es ging ihr zusehends besser. Die Ärzte kamen über den positiven Verlauf der Genesung kaum aus dem Staunen heraus. Als ich sie das letzte Mal traf, erzählte sie mir mit einem strahlenden Lächeln, sie habe in einer kürzlich ausgeführten Meditation ihre Niere singen hören. Mich wunderte diese nicht alltägliche Aussage keineswegs, denn ihre durch die Krankheit entwickelte Sensibilität nahm die Schwingungen des Organbewußtseins als Klang wahr. Ich habe viel lernen dürfen durch sie. Ihre Erzählung bestätigte meine eigenen Erfahrungen: Die Organe singen, wenn wir mit ihnen Kontakt pflegen. Eines Tages sagte sie mir, sie habe diesen schweren Gang durch die Krankheit nie missen wollen, denn allein dadurch sei sie fähig geworden, ihre Lebensaufgabe zu begreifen, die darin bestehe, vielen anderen Patienten *mit gleichem Schicksal Hilfe zu geben. Obwohl sie einen öffentlichen Auftritt immer scheute, hat sie inzwischen auf Einladung eines Ärztekongresses über ihre außergewöhnlich positive Genesung Rede und Antwort gestanden. Sie dankte auch dort »den Ärzten und denen, die sie zur Meditation hingeführt haben«.*

Ich habe in meinem Leben immer mal wieder an Rückenschmerzen gelitten und deshalb meine Heilmeditationen darauf konzentriert. Ich schildere im folgenden eine Meditation, die mir in besonderer Erinnerung blieb.

Als ich meinen Körper entspannt hatte, sah ich vor meinem geistigen Auge drei leuchtende Ringe. Der äußere und der innere strahlten in einem kräftigen Gelb. Der mittlere leuchtete in einem starken Violett. Während ich die Farben beobachtete, glitt ich spürbar in eine immer tiefere Versenkung. Mein Körperempfinden, mit Ausnahme des Kopfes, löste sich ganz auf. Wie ich es schon oft erlebt hatte, begann ich auch diesmal plötzlich zu schweben. Der innere Ring zog mich wie ein Magnet an, und es gelang mir, mühelos durch ihn hindurch in eine violette Umgebung hineinzuschweben. Der Himmel über mir glühte violett. Wohin ich auch blickte, ich sah eine mir fremde, hügelige, violett schimmernde Landschaft mit Hunderten von roten Flüssen. (Stets erlebe ich in solchen Meditationen die Farbe Rot als Ausdruck von Krankheit oder Schmerz.)
Plötzlich verspürte ich an meinen Fußsohlen einen stechenden Schmerz, so als würde jemand Löcher in sie hineinbohren. Ich erschrak zutiefst, als auch aus meinen Füßen ein roter Strom zu fließen begann. Langsam

formte er sich zu einer vor mir aufrecht stehenden Spirale. Im selben Augenblick setzten wieder heftige Rückenschmerzen ein. Ich konnte sie kaum aushalten, und Tränen des Schmerzes flossen über meine Wangen. Spiralenförmig zog der Schmerz durch meine Wirbelsäule. Mit aller Anstrengung wollte ich meine Augen öffnen, vermochte es aber nicht. Ich fühlte mich unbeweglich und schwer wie Blei. Ich hatte Angst, in Ohnmacht zu fallen, und bat mein höheres Bewußtsein um Hilfe. Da hüllte mich ganz unerwartet ein violetter Nebel ein. Als warmer Strom ergoß er sich durch meinen Kopf und die Wirbelsäule hinunter bis zum untersten Wirbel. Während einer gewissen Zeit floß diese Energie die Wirbelsäule entlang auf- und abwärts. Ich sprach das Bewußtsein meiner Wirbelsäule an und dachte dabei immer nur an Licht, das ich als Heilstrom durch sie fließen ließ.

Allmählich verringerten sich meine Schmerzen, ich fühlte mich leicht und schwebend. Plötzlich war ich schmerzfrei. Alle roten Flüsse, auch jener, der aus meinen Füßen strömte, versiegten. Die Landschaft sah jetzt aus, als wären die vorher lebendigen roten Flüsse zu Strichen erstarrt. Dann sah ich wieder die drei Ringe und fühlte mich in unbeschreiblicher Weise von ihnen angezogen. Langsam schwebte ich durch sie zurück und erwachte in meinem Tagesbewußtsein.

Seit dieser Meditation traten nie wieder so heftige Rückenschmerzen auf wie in den Jahren zuvor.

Meditation und Ernährung

Wenn ein Mensch den Wunsch spürt, sich nicht nur im irdischen materiellen Leben zu verwirklichen, sondern über die Verinnerlichung einen geistigen Weg einzuschlagen, zum Beispiel den Weg der Meditation, verändern sich im Laufe der Zeit alle seine Lebensgewohnheiten. Nicht nur atmet und schläft er, betrachtet und empfindet er bewußter, sondern er ernährt sich auch bewußter. Vorher hat er Nahrung in sich aufgenommen, um seinen Körper am Leben zu erhalten. Von dem Moment an, wo er seiner eigentlichen, geistigen Existenz innewird, nimmt er Speise in erster Linie in dem Bewußtsein zu sich, daß sich in ihr der Liebesgedanke des Schöpfers ausdrückt. Der Mensch wird gewahr, daß die richtige Ernährung die Entwicklung seines höheren Bewußtseins fördert.

Wir sollten uns nie mit schlechter Laune an den Tisch setzen. Freude und Dankbarkeit sind die Grundbedingungen, daß eine Nahrung in allen ihren Werten dem Körper zugeführt und von ihm akzeptiert werden kann. Heute ist es nicht mehr Mode, für das Essen, das wir einnehmen, dem Schöpfer zu danken. Der heutige Mensch hat vergessen, daß der feinste Äther, der Geist Gottes, alles durchströmt. Wenn wir in diesem Bewußtsein Nahrung aufnehmen, führen wir diese geistige Kraft,

»die Seele der Nahrung«, unserem Körper und unserem ganzheitlichen Wesen zu. Viele Menschen wollen dies nicht mehr wahrhaben und wundern sich, wenn sie krank werden. Doch diese Wirkkraft ist nicht verloren. Die Seele wartet geduldig, bis der Mensch durch seine Krankheiten reif geworden ist, mit der Nahrung den Gedanken Gottes in sich aufzunehmen.

Wenn wir die Hand über das Essen halten, ein Dankgebet sprechen und mit unserer Seele Speise und Trank segnen, reinigen wir sie von allen schädlichen Substanzen. Diese Gedankenenergie wird kraft der Vorstellung von der Nahrung aufgenommen und in den Organen wirksam. Beim Essen selbst schweigt der dankbare Mensch. Er zerredet nicht das Gut, das er einnimmt und das seiner Entwicklung dient. Er spricht seine Organe mit seinen Gedanken liebevoll an und vergißt nicht, ihnen für ihre Arbeit zu danken. Wenn wir alle so handelten, könnten wir viele Probleme verhindern, die wir unserem Körper durch die falsche Nahrungsaufnahme zufügen. Das muß nicht auf eine allzu ernste Weise geschehen. Im Gegenteil, freudig, lachend sollten wir in Gedanken mit unseren Organen umgehen.

Oft essen wir ohne Gewissen, wir essen, um den Nahrungstrieb zu befriedigen, nicht mehr eingedenk, daß Essen etwas Heiliges ist. Es erhält nicht nur unseren Körper mit allen seinen Funktionen, sondern es gewährleistet über den Körper auch die Entwicklung unserer Seele.

Der Mensch wäre durch das in ihm angelegte Gottesbewußtsein sogar fähig, über die Vorstellungskraft seinen Körper zu ernähren. Er vermag, wenn sein Bewußtsein weit genug entwickelt ist, tatsächlich allein aus der Betrachtung der Natur zu leben. Er könnte die geistigen Substanzen der Nahrungsmittel über sein Hohes Selbst, über den Geist Gottes in ihm, seinem Körper zuführen und dies seinen Organen verständlich machen. Auch wenn die Menschen im allgemeinen in ihrer Entwicklung noch nicht so weit vorangeschritten sind, könnten sie dieses schlafende Bewußtsein wecken und es wenigstens zu einem kleinen Teil für die Gesundheit wirksam werden lassen.

Menschen mit Übergewicht würden leichter abnehmen, wenn sie auf eine Mahlzeit täglich verzichteten und die Kraft der Vorstellung einsetzten. Sie könnten einen Teller voller Speise geistig essen. Sie müßten nur dem Unterbewußtsein erklären, daß sie sich durch die Kraft des Geistes ernähren. Ein Versuch wäre eine Herausforderung an die Kraft, die in uns Menschen brachliegt. Der fastende Mensch sollte die Tage des Fastens zur Meditation nutzen. Man sollte nie fasten, nur um abzunehmen. Nur die geistige Grundlage hilft in der Fastenzeit, die Körperfunktionen zu harmonisieren und Zugang zum Seelenbewußtsein zu finden.

Die Zahl der Menschen nimmt zu, die nach ihrer inneren Überzeugung ohne Fleisch leben wollen und in ihrer Entwicklung dazu auch fähig geworden sind. Trotzdem muß gesagt werden, daß der Körper in seiner irdischen, grobstofflichen Daseinsform nicht gänzlich auf Fleisch zu verzichten braucht; je nachdem, welches der vier Elemente Feuer, Wasser, Luft und Erde für einen Menschen charakterbestimmend ist, kann er eben doch hin und wieder

Fleisch einnehmen. Manch einer verzichtet darauf, weil er den Genuß des Fleisches, das heute erhältlich ist, mit seinem Seelenbewußtsein nicht mehr in Einklang bringen kann. Lebt ein Mensch nicht vegetarisch, sollte er sich vorher vergewissern, wie die Tiere gehalten wurden und welche Qualität er ißt. Ein sich bewußt entwickelnder Mensch wird diese Mühe auf sich nehmen. Wir müssen uns darüber im klaren sein, daß in der heutigen Zeit durch die Verschmutzung der Luft, durch die Ausbeutung der Böden, der Natur überhaupt und durch die Art der Tierhaltung kaum ein Nahrungsmittel noch alle gesunden Substanzen in sich hat. Doch kann ein bewußt lebender Mensch seine Nahrung aus seinem Seelenbewußtsein heraus verbessern, wenn er sie durch die Kraft der Gedanken und der Vorstellung vorher positiv auflädt. Wenn wir uns im Bewußtsein Gottes ernähren, wird unser Körper immer fähig sein, alles zu verarbeiten, was wir zu uns nehmen, auch wenn es schädlich oder giftig ist. Vor allem Yogis haben diese Fähigkeit unter Beweis gestellt.

Im Neuen Zeitalter wird es so sein, daß die Menschen keine Tiere mehr zum Verzehr züchten. Diejenigen, die noch Fleisch essen, werden es nur noch von Tieren nehmen, die eines natürlichen Todes gestorben sind. Das Bewußtsein vieler Menschen im Neuen Zeitalter wird so entwickelt sein, daß sie die Sprache ihres eigenen Körpers wieder hören. Sie werden nicht essen, weil es Zeit dazu ist, sondern dann, wenn ihr Körper nach Nahrung verlangt, und das, was gemäß ihrer geistigen Entwicklung der Körper braucht. Bis zu diesem Zeitpunkt sind viele Umwandlungsprozesse in unserer

Natur geschehen, und die Struktur des Bodens und auch der Luft wird nochmals ganz anders sein, als wir uns das jetzt ausmalen können. Wir sind in unserer heutigen Denkweise kaum fähig, uns vom neuen Planeten Erde, der dann von seinen niedrigen Schwingungen gesäubert sein wird, ein Bild zu machen. Auch die Veränderungen in der Struktur des Menschen, die vielfach als Bewußtseinssprung bezeichnet werden, können wir uns heute kaum vorstellen. Der Mensch wird wieder nach den Gesetzen Gottes leben, wird wieder eins sein mit der Natur, in der er sein Seelenbewußtsein wie in einem Spiegel sieht und empfindet. Er braucht dann auch in der Eßweise keine Extreme mehr, um sicher zu sein, daß er sich geistig entwickelt.

In der Zeit, in der wir leben, müssen wir alles daransetzen, unsere Körpersprache wieder verstehen zu lernen. Es ist immer falsch, gewissen Gruppen nachzueifern, die ihre Lebensweise, zum Beispiel in bezug auf Ernährung, Schlaf oder Freizeit als einzig gültig ansehen. Wenn wir uns bewußt sind, daß der Geist Gottes unser Wesen und die Organe durchdringt, sind wir niemals an fremde Vorschriften gebunden, die uns ein schlechtes Gewissen machen oder uns in Unsicherheit oder in Zwänge versetzen. Wir können uns auf das verlassen, was unser Körper uns sagt, und dem inneren Impuls voller Vertrauen folgen. Aus diesem göttlichen Bewußtsein heraus verkraften wir die Lebensform und auch die Nahrung, die unsere Zeit uns bereitstellt.

Wenn wir uns entscheiden, kein Fleisch zu essen, wird es ohne Schaden für uns sein, sofern wir innerlich mit unserem höheren Bewußtsein in Übereinstimmung sind. Genau dasselbe gilt für diejenigen, die Fleisch essen, mit der Klausel, daß sie bewußt beim Kauf auswählen sollten. Es reicht nicht, wenn wir uns als Konsumenten beklagen, ohne die Disziplin aufzubringen, das eigene Verhalten zu ändern. Der Konsument steuert die Wirtschaft. Er ist es in erster Linie, der an den Auswirkungen kranker Gesetze, etwa über die Tierhaltung oder die chemische Düngung, wirklich etwas ändern kann.

Meditation und Musik

Die Musik ist ein Zeichen dafür, daß der Mensch auch ein intuitives Wesen ist, denn Musik zu schreiben ohne Seelenbewußtsein ist nicht denkbar. Die Schwingungen der Musik öffnen den Gefühlsbereich und das Gemüt eines Menschen in gleicher Weise wie das Sonnenlicht einen Blütenkelch. In der Musik liegen die vielfältigsten Heilenergien, wenn der Mensch sie erkennt. Sie schwingt durch alle Sphären und ist nicht nur wichtig für alle Kreatur, sondern die Aufladung ihrer Schwingungen harmonisiert den ganzen Kosmos. Sie ist auch Ausdruck der jeweiligen bewußtseinsmäßigen Entwicklung eines Menschen oder einer Gesellschaft. Die Intuition in der Musik ist vielfach auch die Widerspiegelung anderer Bewußtsein des Komponisten, die sich aus der ausgewählten Art dieser Klänge zu entwickeln versuchen. Nicht nur der Gedanke, sondern auch die Musik ist Schwingung und Energie.

Wenn wir in harmonische Musikschwingungen eintauchen, können wir seelische und körperliche Zwänge auflösen. Klänge fließen dann wie Lichtpartikel durch Drüsen, Organe und Nerven. Sie laden die Zellen auf und bewirken bei bewußtem Hören von Musik Veränderungen im Organ- und Seelenbewußtsein. Wohltuende Töne geben uns das Gefühl, wie auf einem fliegenden Teppich über

116

die Schwere dieser Welt hinwegzufliegen. Sie öffnet den Blick in Dimensionen anderer Zeiten. Sie befähigt uns, aus dem nur rationalen Denken hineinzuschwingen in das freie Fühlen. Dieses ist nicht begrenzt durch die Logik des Verstandes, der die Schwingungen der Musik nicht aufzunehmen vermag. Doch sollten wir uns immer bewußt sein, daß der Verstand hauptsächlich von irrationalen Gefühlen geprägt wird, deren Qualität für seine Entwicklung bestimmend ist. Er ist noch nicht so weit ausgebildet, die Unterschiede anderer Formen und Wirklichkeiten in sein Schema einzuordnen.

Wahre Musik ist ein Gebet der Seele. Je nach Art der Töne säubern oder verunreinigen ihre Schwingungen die kosmische Atmosphäre und dringen sogar bis in die feinstofflichen Dimensionen ein. Die Schwingungen reiner, intuitiver Musik sind wie eine aufbauende Nahrung auch für feinstoffliche Wesen. Musikalische Vibrationen erzeugen Licht von unterschiedlicher Qualität. Reine Töne wandeln sich um in Licht, das den Aufbau und die Erhaltung verschiedener Bewußtsein fördert.

Hören wir Musik, lauschen wir gleichzeitig in andere Welten hinein; wir haben Teil am kosmischen und feinstofflichen Rhythmus. Klänge schwingen auch als ernährende Substanz durch alle Bereiche der Natur. Sie tragen zu Harmonie und Ordnung bei. Sich der Musik hinzugeben heißt, die irdische Kleidung abzulegen und einzutauchen in das Unbegrenzte, heißt, uns im Land der Seele, in den uns noch fremden Bereichen zu orientieren. Da die Musik nicht an die Grenzen des Verstandes gebunden ist, kann sie für ihn ein guter Lehrer sein. Weil der

Verstand überall dabeisein will, wird er über die Intuition aufgefordert, in diese Wirklichkeiten einzudringen und ihnen nachzueifern, was nichts anderes bedeutet, als die beiden Bereiche Intuition und Verstand zu harmonisieren.

Wenn wir von Trauer niedergeschlagen und unfähig sind, ein Wort zu formulieren, wenn wir wie Eisbrocken im kalten Meer unseres Verstandes erstarren, sind die Klänge der Musik die glühende Sonne, die diese Erstarrung zum Schmelzen bringt. Drücken uns die Lasten dieser Welt und drohen wir unter ihnen zu zerbrechen, haben wir kein Gebet mehr auf den Lippen, aber noch die Kraft, uns der Musik zuzuwenden, so wird sie zum rettenden Anker, zum Gebet.

Musik und Intuition gehören zusammen. Hat ein Mensch sich zur Aufgabe gemacht, Musik zu komponieren, ist er in spezieller Weise verbunden mit anderen höherentwickelten Bewußtsein oder auch direkt mit Helfern aus der geistigen Welt. Seine Lebensaufgabe besteht darin, durch seine Kompositionen heilbringende Kräfte für Körper und Seele zu erzeugen. Gleichzeitig entwickelt er sich durch seine Musik. Sein Seelenbewußtsein hebt den Verstand empor, geleitet ihn zum Altar der Freude und der Hoffnung. Musik kann ein Lobgesang an unseren Schöpfer sein, eine Vereinigung aller Schwingungen mit dem Höchsten.

Es gibt auch Tonfolgen und Rhythmen, die durch ihre Schwingungen zerstörerische Kräfte hervorbringen. Lautstärke und disharmonische Klänge bezeugen nicht nur eine innere Leere der betroffenen Menschen. Oft sind sie die Auswirkungen dunkler

118

Mächte, die über sie in das Geschehen der Zeit einzudringen versuchen. Menschen, die solche Musik komponieren, sind durch ihre Labilität oft ahnungslose Werkzeuge von erdgebundenen feinstofflichen Wesen. Im Grunde genommen ist diese Musik ein Hilfeschrei dieser Wesen und ein unbewußter Hilfeschrei der betroffenen Menschen. Ihre Angst ist derart groß, daß sie meinen, mit diesen Schwingungen das Rufen ihrer Seele betäuben zu können. Die innere Leere und Ausweglosigkeit hängen ihnen an wie ein zerfetztes Kleid. Die dunklen Schwingungen dieser Musik drücken so starke Angstfrequenzen aus, daß die eigenen Ängste wie helle Schatten sind.

Es gibt auch Wesen in den Sphären der Dunkelheit, die nur darauf bedacht sind, die Angstfrequenz in unserer Welt zu verstärken. Jedes Mittel ist ihnen dazu recht. Komponisten, auch wenn man von ihnen nicht sagen kann, sie seien besessen, können durch ihre seelische Haltlosigkeit zu Marionetten von zerstörerischen Kräften werden. Vielfach rührt die Seelenschwäche daher, daß ihr Gefühl in den Mauern des Verstandes eingekerkert ist. Der gute Teil ihres Wesens möchte diese Mauern sprengen. Aber viel zu wenig kompetente Menschen verstehen ihren Schrei, und kaum jemand weiß, wie mit ihnen umzugehen ist. Jede neue negative Erfahrung verstärkt ihren Haß, der wiederum wie eine leicht zu öffnende Pforte für die unerlösten Wesenheiten ist. Diese stoßen sie auf, dringen über die menschlichen Instrumente in die Welt der Vernichtung und des Schmerzes ein. Das tiefgründige Leid in den Seelen solcher Menschen ergießt sich schwingungsmäßig in die dunklen Bereiche des Kosmos. Auch die Musik kann dazu beitragen, im Laufe der Zeit den hellen und den dunklen Pol zu vereinen. Dies geschieht dadurch, daß möglichst viele Menschen häufig die Schwingungen erbauender Musik ins Weltall, in die Seelen der Wesen und Menschen, durch alle Bereiche hindurch, fließen lassen.

Auch in der Meditation spielt die Musik eine große Rolle. Da ihre Schwingungen von allen Bewußtsein wie Lichtpartikel aufgenommen werden, hilft sie mit, den Körper und die Bewußtsein zu harmonisieren. Sie führt die vielen einzelnen Teile zu einem Ganzen zusammen und trägt dazu bei, den Kanal, über den außersinnlich wahrgenommen werden kann, zu öffnen. Ihre Schwingungen durchströmen wie winzige elektrische Impulse das ganze menschliche Wesen. Sie hebt das innere Empfinden aus den weltlichen Dimensionen heraus und erleichtert den Übergang in ein anderes Bewußtsein.

Wenn wir Meditationsmusik durch das Herzzentrum schwingen lassen, verstärkt sie das Sehnen nach Gott und bringt uns gefühlsmäßig unserem Ursprung näher. Sie reinigt nicht nur unsere Energiezentren, sondern sie harmonisiert auch die Farben in unserer Aura. Wie wenn ein sanfter Wind durch die Wiesen und Wälder streicht und die Natur liebevoll umfängt, schwingen die Klänge der Musik belebend und ausgleichend durch die Aura. Sie hilft mit, in den meditativen Zustand zu versinken und die Schwere des Körpers zu überwinden. Sie macht unser Empfinden leicht wie eine Feder, und sie hebt uns liebevoll und langsam in eine andere Realität.

Die Musik in der Meditation ist wie ein Gleis, über das wir in das noch unbekannte Land der Seele geführt werden. In tiefer Versenkung hört der Meditierende die Musik kaum mehr und nimmt sie nur noch über die feinstofflichen Organe wahr. Ihre Schwingungen sind wie ein Trägerfeld, in dem sich der Meditierende geborgen fühlt. Da die Musik wie ein feinstofflicher Arzt in die unsichtbaren Ebenen des Menschen hilfreich einwirkt, sollten wir nach Möglichkeit uns diese Hilfe nutzbar machen und mit leisen, harmonischen Klängen meditieren. Da Töne nicht nur über die Ohren, sondern in erster Linie über das Seelenbewußtsein aufgenommen werden, mögen nicht alle Menschen dieselbe Musik. Es hängt von der Entwicklung der Seelenbewußtsein ab, welche Tonschwingung einen Menschen harmonisiert. Daher kann man nicht allgemeingültig sagen, diese oder jene Musik sei für die Meditation richtig. Jeder muß sich die Musik auswählen, die ihn in seinem Seelenbewußtsein, in seinem Innern trägt, die ihn anspricht und beruhigt. Das kann sogar heute diese und morgen eine andere sein.

Es gibt bewohnte Planeten in anderen Systemen, in denen sich die dort lebenden Wesen auch mit der Musik beschäftigen. Ihre Entwicklung ist so weit vorangeschritten, daß sich jeder Gedanke in ihrem Gehör als Klang ausdrückt. Sie sind so strukturiert, daß, wenn sie sprechen, ihre Wortwahl eine hörbare Symphonie darstellt. Je höher die entwickelten Bewußtsein, um so harmonischer wird ihr Sprechen in wunderbaren Klängen vernehmbar. Der Rhythmus ihrer Existenz wird bestimmt von Schwingungen unbeschreiblicher Musik, die diese Sphären durchfluten und wie Echos ihres gesamtheitlichen Bewußtseins erklingen.

Diese Wesen sind nicht aus Fleisch und Blut wie wir. Auch wenn es schwierig sein muß, meine Aussage zu verstehen: Ihre körperliche Existenz ist eher mit dem pflanzlichen Bewußtsein vergleichbar. Die Schwingungen der Musik in den beschriebenen Welten drücken die schöpferischen Gedanken ihrer Wesen aus, aber zugleich auch die Klänge, die sie aus anderen, feinstofflicheren Dimensionen empfangen, zu denen sie einen ganz selbstverständlichen Zugang haben. Sie bereisen diese Ebenen wie wir andere Kontinente.

Es gibt in den höheren astralen und in gewissen mentalen Sphären Wesen, die lediglich aus Schwingungen bestehen, die man in unserer Sprache als Klänge, als Musik bezeichnen würde. Sie sind ein reinigendes Prinzip für andere Welten und Dimensionen bis hin zu unserem Planeten. Sie fangen in ihrem Bewußtsein schwingungsmäßige Störfelder auf und wandeln diese in reine Schwingungen um. Ich habe ja auch von der Musik als vom Licht gesprochen. Jene Wesen regenerieren die niederen Klänge verschiedener Welten und sind dafür verantwortlich, daß dunkle nicht überhandnehmen.

Die so umgewandelten Energien fließen als heilbringende Kräfte durch alle Welten bis hin zu unserem Planeten. Sie sind wie ein leises Rufen, das gewisse Kammern des Erinnerungs-Unterbewußtseins öffnet, damit sich die heilbringenden Kräfte in ihnen widerspiegeln uns Menschen teilhaben lassen am feinstofflichen Geschehen. Die Schwingungen der außerirdischen Musik nimmt der Mensch vor

122

allem im Schlaf wahr, wenn das Verstandesdenken nicht mehr aktiv ist und das eigentliche Wesen des Menschen am geistigen Horizont wie eine leuchtende Sonne aufgeht. In den hohen feinstofflichen Dimensionen ist der Musik dieselbe Bedeutung zuzuordnen wie der Luft, die wir einatmen. Ihre Klänge als reines Licht kommen aus Bewußtsein, die alle Welten und auch gewisse feinstoffliche Dimensionen überwunden haben. Ihre Existenz ist mit der Sonne vergleichbar, die aufbaut, Leben erhält und die Dunkelheit weichen läßt. Die Musik anderer Welten und Sphären ist wie bei uns der Sauerstoff der Seen und Flüsse, des Ozeans.

Während ich diese Zeilen schreibe, höre ich in mir als Klang den Verstandesseufzer des Lesers. Doch die Schwingungen der Musik in meiner Seele, für die mein Gehör taub ist, die mich aber tragen wie Wellen das Boot, geben mir die Gewißheit, daß ja auch Worte Schwingungen sind. Deshalb habe ich den Mut, diese Meditationserfahrung niederzuschreiben, und die Hoffnung, daß auch der Leser von den Gedankenenergien meiner Worte ein kleines bißchen getragen sein darf. Musik aus anderen Welten manifestiert sich in uns oft als ein nicht erklärbares Gefühl, das wir aber mit fortschreitender Meditationserfahrung verstehen, ja hören lernen. Wir sollten uns die Freude nicht versagen und solche Erfahrungen in uns lebendig werden lassen. Sie bestärken uns darin, daß wir in wunderbarer Weise vom Kosmos durchströmt sind.

Meditation und das Neue Zeitalter

Sehr viele Menschen auf unserer Welt haben das Sehnen nach einer Veränderung, spüren einen neuen Funken in ihren Seelen und wollen eine neue Aufgabe übernehmen. Dies ist ein Reifeprozeß; die Menschen werden in ihrer Entwicklung auf die Zukunft ausgerichtet. Während Energien aus anderen Sphären in unsere Welt fließen, wird das Bewußtsein des Planeten Erde und seiner Menschen in eine neue Richtung gelenkt. Immer mehr Menschen beginnen, sich in der Meditation zu üben, die ihnen ein ganz anderes Lebensgefühl eröffnet. Sie spüren, daß die Entspannung und Versenkung in das eigene Innere etwas ist, das jeder sofort praktizieren kann und das in jedem Falle bei allen Menschen unabhängig von ihrem Alter etwas Positives bewirkt, wenn es auch beim einen kürzer, beim anderen länger dauert.

In meinen Meditationen habe ich immer wieder erfahren, daß ein Lichtgedanke, wenn wir ihn am Morgen oder auch tagsüber für alle Menschen und Wesen aussenden, viel Gutes bewirkt und viele Tränen zum Versiegen bringt, obwohl unser Verstandesbewußtsein sich dessen gar nicht bewußt ist. Statt uns hilflos zu fühlen allem Geschehen gegenüber, sollten wir mehrmals täglich Gedanken des Lichtes und der Liebe als Energie in die Welt senden. Wir werden dadurch neue Kräfte in uns spüren und unserer Entwicklung kleine Bausteine hinzufügen. Anderen Liebe und Güte zu schenken, ist immer möglich durch die Kraft der Gedanken.

In einer Meditation erfuhr ich, daß es noch zwei Generationen dauern wird, bis das Neue Zeitalter seinen Durchbruch erreicht hat. Wir, als die hier und jetzt lebenden Menschen, tragen in besonderer Weise eine Verantwortung für dieses Neue Zeitalter. Es ist nicht nur eine Folgeerscheinung vieler Entwicklungen, sondern der Wille Gottes, daß das Bewußtsein der Menschen zu Ihm gelenkt wird, auf daß wir das Göttliche immer deutlicher erfassen. Die innere Besinnung, ob auf dem Wege der Meditation, des Yoga oder des Gebets, setzt mit der Kraft unserer Vorstellung in den Seelenbewußtsein und in anderen Dimensionen die Saat, damit das Neue Zeitalter sich als ein Gedanke der Liebe Gottes verwirklicht.

Im Denken der Menschheit sind die Kinder der Grundstein, auf dem die Zukunft aufgebaut wird. Unter ihnen sind heute viele »alte Seelen«, also Wesen mit einem bereits hochentwickelten Bewußtsein, die bei den bevorstehenden gewaltigen Veränderungen große Aufgaben übernehmen werden. Die Jugend sichert nicht nur die Existenz des menschlichen Geschlechts auf der irdischen Ebene, sondern sie führt auch die seelisch-geistige Entwicklung des Menschen an. Wir hören in den Medien oft von unzufriedenen, protestierenden und randalierenden Jugendlichen. Vielfach sind es junge Menschen, die sich von einem starken Wunsch nach Veränderung getrieben fühlen. Sie sind noch voller Unsicherheit, spüren, daß etwas Neues kommen muß, wissen aber noch nicht, was und wie.

Und dann gibt es die Vielzahl der Jugendlichen, die große innere Wandlungen in sich vollziehen, ohne daß dies öffentlich wird. Viele Eltern erleben, daß ihre Kinder auch mit kleinsten Tieren, mit dem sogenannten Ungeziefer, auf neue und respektvolle Weise umgehen, also ein uns noch fremdes Verhältnis zur übrigen Schöpfung zeigen; daß sie den Genuß von Fleisch plötzlich nicht mehr mit ihren Überzeugungen vereinbaren können; daß sie ihre Lebensweise umstellen und Opfer bringen, um die Natur und die Umwelt zu bewahren; daß sie die Frage nach Gott und dem Sinn des Lebens wieder aufgreifen und für wichtiger halten als materielle Fortschritte. In Briefen werde ich von besorgten Eltern gefragt, ob es denn normal sei, wenn ihre noch nicht schulpflichtigen Kinder weinen, wenn zum Beispiel versehentlich eine Pflanze beschädigt oder ein Kleintier zertreten wurde. In diesen Kindern, in ihrer verfeinerten Sensibilität und Wahrnehmung, in ihrem anders entwickelten Verantwortungsbewußtsein, kündigt sich das Neue Zeitalter an. Mit anderen Meditationslehrern stelle ich fest, daß sich der Aufbruch der Jugend auch im Andrang zu den Meditationskursen zeigt.

Ich möchte Sie, liebe Leser, aufrufen, sich über Ihre Verantwortung den Kindern gegenüber vermehrt Gedanken zu machen. Wie viele Kinder werden heute lieblos behandelt, weil sie die materiellen Interessen der Eltern stören! Die Grundlage, damit sich Seelen in Körpern von Kindern entwickeln können, ist immer noch Zeit, Liebe und Geduld. Eltern sollten alles daransetzen, ihren Kindern diese Grundlage nicht zu entziehen. Oft werden in der heutigen Gesellschaft Kinder auf vielfältige Weise mißbraucht. Aber nichts, kein Leiden, kein Elend, keine Vergewaltigung wird die alten Seelen in den jungen Körpern der Kinder vernichten können. Gerade sie, die leiden, werden als Zeugen des Neuen Zeitalters wiederkehren. Und wir, die wir an diesen Seelen gesündigt haben, werden ihre Diener sein.

Wir sollten uns nie allzu sehr sorgen, wenn ein Kind uns Probleme bereitet. An ihnen sollen wir lernen. Es gibt auch viele Kinder mit jungen Seelen, die noch nicht viele Lebenserfahrungen hinter sich gebracht haben. Sie sind oft wie die jungen Fohlen, wenn sie nach einem langen Winter zum ersten Mal auf die Weide gelassen werden, voller Freude, stürmisch, nicht zu bremsen. Die Verantwortung der Eltern gegenüber diesen Kindern ist genauso groß wie bei anderen, denn das Seelenbewußtsein, das noch wie ein unbestellter Acker ist, kann mit gutem oder schlechtem Samen bepflanzt werden.

Eltern, die ihre Kinder lieben, sollten es nicht versäumen, ihnen schon in frühester Jugend die Grundlagen der Meditation mit auf den Weg zu geben. Nur Eltern, die den göttlichen Funken der Liebe besitzen, werden fähig sein, die alten Regeln der heutigen Gesellschaft umzustoßen und Neues in Bewegung zu setzen.

Es wäre unserer Welt zu wünschen, daß über die Meditation den Kindern die Begegnung mit dem inneren Wesen, mit dem wirklichen Menschen, schon in der Grundschule vermittelt würde. Wie oft habe ich gewünscht: wenn doch diese Anregung in das Seelenbewußtsein einer kompetenten Lehrerpersönlichkeit fiele; wenn doch nur eine einzige

Schulklasse damit beginnen würde, um den Schneeball ins Rollen zu bringen! Inzwischen gibt es die ersten Pädagogen, die diesen neuen Weg beschreiten. Wie sehr sehne ich für unsere Kinder herbei, daß möglichst bald immer mehr Schulen die tägliche Meditation in den Unterrichtsablauf einplanen! Die vielen Wege des Leidens, die vielen Umwege könnten dadurch für kommende Generationen vermieden werden, und ein ganz neuer Lernprozeß könnte stattfinden.

Alte Menschen sind leider in der heutigen hochtechnisierten Gesellschaft fast zu einem Problem geworden. Wir verkennen, daß in ihnen Seelen wohnen, daß auch sie auf dem Weg sind, ihr Bewußtsein zu entwickeln, denn dies bleibt der Sinn des Lebens bis zum letzten Atemzug. Oft ist die Rede davon, daß alte Menschen in unserer Gesellschaft keinen Platz mehr finden, und dem ist auch so. Es schmerzt mich tief in der Seele, die kalten Gettos zu sehen, die wir als Altersheime bezeichnen. Ich schäme mich dafür. Immer wieder frage ich mich, warum so wenig Menschen sich bereitfinden, beispielsweise auch in Altersheimen eine tägliche Meditation durchzuführen. Meditation könnte ihnen helfen, sich nicht allein zu fühlen am Rande unserer Gesellschaft. Auch dies ist eine Aufgabe, der wir uns bewußt werden müssen, wenn wir wagen, einen Blick nach vorn in das kommende Zeitalter zu tun.

Natürlich ist auch diese Entwicklung, die Gettoisierung der Alten, kein Zufall. Aber die Zeit ist reif, daß immer mehr Menschen erkennen, wie man etwas ändern kann, und daß sie diese Erkenntnis auch tätig in die Welt hinaustragen. Bedenken wir doch, wieviel an geistigem Gut und an Lebenserfahrung durch die Abschiebung der Alten in Heime für die junge Generation verlorengeht! Großeltern haben Zeit und sind auch einer reiferen Liebe fähig, weil sie schon viel mehr als die Eltern von der eigenen Person absehen können. Sie verfügen auch über Lebenserfahrungen, die junge Eltern sich erst noch erarbeiten müssen, und sie können ihren Enkeln nicht nur das vermitteln, was sie erlebt, sondern auch das, was sie an Einsicht daraus gewonnen haben. Weil sie sich in das Kind einfühlen, kann niemand Geschichten so gut erzählen wie sie. Es ist ein natürliches Gesetz, daß sich Menschen im hohen Alter in aller Regel mit der Zeit nach dem Tod beschäftigen und eine besondere Beziehung zu Gott entwickeln, der ihnen oftmals die sichere Stütze in ihrer Einsamkeit ist. Die Kinder nehmen diese tiefe Gottesbeziehung intuitiv wahr, und die Liebe, das geistige Gut, das die Großeltern angesammelt haben, wird vom Bewußtsein des Kindes wie Samen aufgenommen. Und wenn die Eltern nur wenig Zeit für sie aufbringen können, so erleben sie doch durch die Großeltern, wie wichtig es ist, füreinander Zeit zu haben, und diese Erfahrung kommt später den eigenen Kindern und Großkindern wieder zugute.

Der Atem

Im Rahmen der Übungen spreche ich häufig vom bewußten Ein- und Ausatmen. Leider ist es so, daß die meisten Menschen unbewußt atmen. Es geschieht einfach. Wenn wir unbewußt atmen, sind wir einer Maschine vergleichbar, die ständig läuft und nie gewartet wird. Es ist für ein gesundes Leben von Körper und Seele wichtig, mindestens einmal täglich bewußt zu atmen.

Wenn Sie die im zweiten Teil des Buches beschriebene kleine Atemübung täglich gewissenhaft ausführen, werden Sie bald eine Harmonisierung von Körper und Gefühl feststellen. Hemmungen und Unsicherheiten im Umgang mit Mitmenschen werden sich auflösen. Auch die Kinder sollten wir anhalten, diese Atemübung, bevor sie zur Schule gehen, auszuführen.

In der Meditation lernen wir gleichfalls, uns auf unseren Atem zu konzentrieren. Möglicherweise nehmen wir ihn zum ersten Male wahr. Was aber ist Atem? Der Atem ist nicht nur Atem. Er ist Leben. Der Atem ist der Hauch Gottes, der alles Leben erhält. Er ist der universale Strom der göttlichen Liebe, das erzeugende und erhaltende Prinzip jeglichen Lebens überhaupt. Wir Menschen, die Tiere, die Natur, alle Wesen und Sphären sind von Atem durchdrungen. Ohne ihn würden ein Stein, ja die ganze Natur sowie unser materieller Körper in der Struktur zerfallen. Der Bedeutung des Atems nachzugehen heißt, sich bewußt zu werden, daß wir aus Gott leben.

Der feinste Äther, also der Atem Gottes, durchdringt und erhält die vier Elemente: Feuer, Luft, Wasser und Erde. Aus ihnen und dem feinsten Äther setzt sich alles zusammen, nur sind die Bewußtsein in allem Existierenden unterschiedlich verdichtet. Der feinste Äther ist das reinste Bewußtsein, das höchste, das göttliche. Es entspricht, wenn man die verschiedensten Formen, die das Wasser annehmen kann, zum Vergleich heranzieht, dem Dampf. Dampf, Regen, Schnee und Eis sind immer Wasser. So sind auch die vielfältigsten Formen und Leben unterschiedlich verdichtet und gemäß ihrer Struktur von Atem durchströmt. Der Atem ist die Scholle, der Keim und die Frucht in einem, also alles, also Gott.

Richtig zu atmen heißt, sich der göttlichen Kraft, der göttlichen Liebe und Weisheit bewußt zu werden. Der Atem des Menschen ist das Leben Gottes in ihm, genauso wie der Atem in der Natur, im Tierreich und in anderen Lebensarten das Leben Gottes bedeutet. Mit jedem Einatmen nehmen wir den feinsten Äther, also Gott, in uns auf, und mit jedem Ausatmen kehren wir zu ihm zurück. Wenn wir ausatmen, werden wir uns gewiß, daß wir ein Stück von unserem Leben zurückgeben.

Der Atem fließt als göttlicher Strom durch unseren Körper, nährt die Zellen, die Organe, das Blut, und läßt uns teilhaben am Göttlichen. Mit jedem Einatmen füllt sich unser Wesen mit kosmischer Energie auf, und mit jedem Ausatmen werden über den

Atem wie über ein Förderband die Schlacken der irdischen Zeit abtransportiert.

Wenn wir einatmen, können wir unser Bewußtsein durch die Vorstellung erweitern, wie wir als Fluß durch Berge und Täler in einen unendlichen Ozean münden. Wir können uns aber auch vorstellen, daß wir mit jedem Atemzug wie ein Stein über die Erde rollen. Wir können uns vorstellen, daß wir frei wie ein Vogel durch die Luft fliegen oder daß wir aufgehen wie die Sonne, leuchten wie die Sterne: All das bedeutet Atmen. Wir müssen versuchen, einen weiteren Begriff der Atmung, des Lebens, das ja schließlich Gott heißt, zu erfahren. Es gibt kein Geschehen ohne Atmung, was bedeutet, daß es kein Geschehen ohne das göttliche Bewußtsein gibt.

Wenn jemand aus niederen Trieben einen anderen Menschen tötet, würgt er durch seine Handlung den Fluß des göttlichen Atems in sich ab. Er entfernt sich selbst vom göttlichen Bewußtsein, das Liebe ist und nicht Vernichtung. Wohl durchdringt ihn noch der göttliche Äther. Aber er ist wie bei einem selbstverschuldeten Stromausfall nicht mehr direkt angeschlossen, sondern gewissermaßen nur noch über ein Notstromaggregat. Das Seelenbewußtsein eines solchen Menschen verbindet sich mit den dunklen Sphären der Astralwelt. Seine feinstofflichen Organe, die Chakras, werden von zähflüssigen, dunklen Strömen aus diesen Zonen durchflutet, und sein niederes Selbst erhebt sich zur Macht. Um dieses egoistische Machtgefühl und alle übrigen niederen Triebe zu befriedigen, ist einem solchen Menschen jedes Mittel recht. Die Energie des Bösen nimmt so sehr überhand, daß das höhere Selbst und die Einflüsse aller hilfreichen Lichtwesen diese schlamm-artigen Energiefelder nicht zu durchdringen ver-mögen. Oft sind solche Menschen vom absoluten Egoismus und von den niedrigsten Trieben so in Beschlag genommen, daß sie nur noch aus üblen Handlungen bestehen. Solches Bewußtsein setzt auch alles daran, seine Macht zu verstärken.

Es ist ratsam, sich von Bewußtsein dieser Art zu distanzieren. Die einzige Hilfe, die wir geben können, ist, Gedanken von Licht und Liebe auszusenden. Wir sollten es peinlichst vermeiden, Haßgefühle aufkommen zu lassen, nicht einmal dann, wenn wir von den negativen Handlungen in Mitleidenschaft gezogen worden sind, da wir uns sonst mit einem solchen Menschen karmisch verbinden. Wir durch-wandern viele Leben und Entwicklungen, bis wir keinen einzigen negativen Gedanken und auch kein einziges negatives Gefühl mehr haben können.

Auch die mutwillige Tötung eines Tieres oder einer Pflanze ist nicht nur ein Akt der Vernichtung von Leben, sondern immer auch ein Sicherheben gegen das göttliche Gesetz der Liebe. Liebe deinen Nächsten wie dich selbst: Dieses Gebot bezieht sich ja nicht nur auf unsere Mitmenschen, sondern auf jegliches Leben überhaupt.

Bei allen Grausamkeiten tröstet mich immer nur die Gewißheit, daß es in Wirklichkeit keinen Tod gibt. Nur die Lebensformen verändern sich. Wenn der Mensch stirbt, atmet er in einem anderen Be-wußtsein und in einem anderen Körper weiter. Ob hier oder anderswo – wir bleiben vom Atem Got-tes durchströmt, jetzt und bis in alle Ewigkeit.

Die Vorstellungskraft

Ich möchte an den Anfang dieses Kapitels das Bild einer Mutter stellen, die am Morgen ihr Kind zur Schule geschickt hat, ihm am Fenster nachblickt und sich sagt: »Ich liebe meinen Sohn und hülle ihn mit den Gefühlen meiner Liebe in einen geistigen Schutzmantel ein. Er wird behütet sein bei allem, was er erlebt. Meine guten Gedanken begleiten ihn, und ich weiß, daß sein Engel über ihm wacht. So ist er in vollkommener Sicherheit.«

Wir sollten uns vornehmen, wann immer wir uns von einem Menschen trennen, sei es ein Familienmitglied, ein Freund oder ein Bekannter, ihn in ähnlicher Weise in die Kraft einer guten Vorstellung einzuhüllen. Hierbei können wir selbstverständlich die Bilder wählen, die unserer Art zu denken und zu fühlen am besten entsprechen. Einer meiner Verwandten hegt, wenn ein Autofahrer sich von ihm verabschiedet, die Vorstellung, wie sich eine weiße Wolke um den Wagen bildet und ihn über alle Gefahrensituationen hinweghebt. Da jeder Gedanke Energien freisetzt und jede Vorstellung sich zu verwirklichen trachtet, sind diese Bilder nicht nur symbolisch zu verstehen, sondern einer höheren, geistigen Realität zuzuordnen.

Es ist für unsere Entwicklung wichtig, daß wir versuchen, nie im Streit auseinanderzugehen und schon gar nicht einen Streit in den Abendstunden entstehen zu lassen. Die Vorstellungskraft lädt in der Nacht aus dem Erinnerungs-Unterbewußtsein die Energien des Streites auf, verstärkt die unguten Situationen und verstrickt uns noch mehr in Lieblosigkeit und Haß. Wenn wir einen kritischen Arbeitstag vor uns haben, können wir uns auch selbst gegen Verunsicherungen von außen schützen. Wir stellen uns zum Beispiel, bevor wir am Morgen das Haus verlassen, vor, wie wir uns einen geistigen Mantel in grüner oder blauer Farbe mit Kapuze über-ziehen. So produzieren wir in unserem Bewußtsein eine grüne oder blaue Energie, deren Schwingungen uns schützend einhüllen. Wenn wir doch nur ver-mehrt lernten, mit den Kräften, die unserem Wesen gegeben sind, richtig umzugehen!

Wir gebrauchen unsere Kräfte schon, leider häufig auf falsche Weise. Wenn wir uns ständig um einen Menschen sorgen, bauen wir mit Hilfe der Vorstel-lungskraft ein negatives Kraftfeld auf, das unaufhör-lich von uns auf diesen Menschen übertragen wird. Dieses Kraftfeld kann von dem umsorgten Men-schen mit der Zeit nicht mehr verarbeitet werden, und ungehemmt fließen die negativ aufgeladenen Kräfte über seine feinstofflichen Energiezentren in sein Wesen. Dessen zahlreiche Bewußtsein müssen unermüdlich tätig sein, um mit diesem negativen Gedankenfeld fertigzuwerden. Die Sorge und die Angst, die wir auf einen Menschen ausstrahlen, sind in ihrer Kraft wie gewaltige Überschwemmungen, unter denen das seelische Wohlbefinden, aber auch die Körperorgane zu leiden haben. Wie viele Mütter sorgen sich täglich um ihre vielgeliebten Kinder, und wie viel negative Kraft fließt so auf sie! Würden diese Mütter die Kinder der Obhut der Schutzengel anvertrauen, könnte sich ihre Angst um vieles verringern, und die Kinder wären um vieles sicherer.

Wir müssen uns bewußt sein, daß auch die negativen Kräfte der Vorstellungen aller Menschen die Seele der Welt, ja den Kosmos überhaupt, beeinflussen. Keine einzige Kraft der Vorstellung, die ein Mensch bewußt oder unbewußt produziert, geht verloren. Sie wird auch von den Elementen aufgenommen, und im Laufe vieler Jahrhunderte bewirkt sie zum Beispiel eine Veränderung des Klimas. Beherrscht ein Mensch die Kraft der Vorstellung wirklich, weiß er mit den Gesetzen der Natur umzugehen. In vielen Seelen der Menschen wächst das Bewußtsein einer positiven Welt. Solche Vorstellungskräfte klingen wie Glocken, fließen hinein in die Dimensionen der Erde und bereiten das Neue Zeitalter vor. Ihre Töne schwingen hinaus ins Universum und sind Energien, den Gebeten gleich. Auch wenn noch die Mächte des Ich-Bewußtseins die Erde beherrschen, wirken positive seelische Kräfte dennoch für eine bessere Welt. Daher gibt es keinen Anlaß, mutlos zu sein. Im Gegenteil, wir sollten uns täglich bemühen, diese Kraft für die Welt und das Geschehen in ihr zu nutzen. In allen Lebenssituationen ist die Kraft der Vorstellung, die ja auch ein Funke Gottes in uns Menschen ist, maßgeblich daran beteiligt, wie die Welt sich entwickelt und wie wir uns entwickeln. Körperorgane können nur erkranken, weil eine negative Vorstellungskraft der Krankheit das Tor öffnet, und die gleiche Kraft, positiv aufgeladen, kann auch eine Krankheit be-

136

siegen. Natürlich immer nur dann, wenn es im geistigen Gesetz gegeben ist, daß wir gesund werden können.

Als wir uns durch die Kraft des freien Willens aus der göttlichen Einheit gelöst und uns in die Sphären und Welten der Vielfalt und Vieldimensionalität hinein entwickelt haben – in anderen Worten: Als sich die Abspaltung von Gott vollzog, blieb in unserem Kern der göttliche Ursprung dennoch erhalten. Durch die Vorstellungskraft sind wir wie an einer unsichtbaren Nabelschnur mit der Ewigkeit verbunden. Der göttliche Ursprung in uns kommt durch die beschränkte Kraft unserer Vorstellung nicht voll zum Ausdruck. Die reinste Vorstellungskraft in uns ist Gott. Durch die Einschränkungen unserer Dimensionen und die Zusammensetzung unserer begrenzten Bewußtsein sind wir nicht im vollen Sinne handlungsfähig. Wenn wir sagen: Gott ist in uns, bedeutet das nicht, daß wir Gott sind, obwohl wir göttliche Handlungen und Taten vollbringen könnten, wären wir nur fähig, Gott zu lieben.

Mit jeder guten Tat, wenn sie dem Kern reiner Liebe entspringt, lassen wir Gott aus uns und durch uns walten. Wir brauchen nicht zu flehen: »Näher mein Gott zu Dir!«, wenn wir begreifen, was Liebe ist. Die Vorstellungskraft ist wie eine göttliche Zelle in uns. Jeder Auswuchs von Krankheit, Sorgen, Ängsten, Unsicherheiten und Nöten ist das Ergebnis unseres eigensüchtigen Willens. Anders als in unserem egoistischen Denken existiert Mein oder Dein im Bewußtsein Gottes nicht. Er ist nicht teilbar.

Es gibt viele Kanäle, durch die unsere Vorstellungskraft hindurchfließt, helle und weniger helle.

Die göttliche Vorstellungskraft ist ein einziger Kanal, ein Kanal reinsten Lichts. So wie wir durch unsere Entwicklungen verschiedene Bewußtsein und Kraftstationen geschaffen haben (vergleiche das Kapitel »Die Vieldimensionalität«), ist auch unsere Vorstellungskraft in verschiedene Energiebündel aufgeteilt. Diese Aufteilung ist mit den uns bekannten Lichtqualitäten zu vergleichen. Wir können Licht in seiner hellsten Form durch die Ausstrahlung der Sonne wahrnehmen. Schon der Mond, der nur reflektiert, gibt viel weniger Licht. Wir können uns auch etwas vorgaukeln und künstliches Licht erzeugen. Manchmal ziehen wir die Dunkelheit vor, obwohl wir wissen, daß ohne Licht, also ohne Gott, nichts gedeiht. Die Vorstellungskraft macht uns zu göttlichen Wesen, aber göttlich zu handeln sind wir erst dann fähig, wenn nicht mehr unser Ich-Bewußtsein über uns herrscht, sondern die Vorstellung der göttlichen Kraft.

Es ist nicht einfach für uns Menschen, uns aus der göttlichen Vorstellungskraft heraus zu entwickeln, da wir durch den freien Willen das Programm in unserer menschlichen Struktur haben, uns selbst zu verwirklichen. Dieses Sich-selbst-Verwirklichen verstehen wir fast ausnahmslos aus unserem Ich-Bewußtsein heraus, und wir vergessen dabei, daß wir eben dieses Ich mit Gott in uns zu vereinen haben. Wir sind davon überzeugt, an Gott zu hängen, ihn zu lieben, binden uns aber hauptsächlich an die Strukturen des irdischen Lebens. Weil sich der Mensch über Jahrtausende die Hinwendung zum Irdischen als Ausweg geschaffen hatte, schuf der allmächtige Gott ein menschliches Wesen mit einem absoluten göttlichen Bewußtsein: Jesus Christus.

Gott ist Fleisch geworden. So steht es richtig geschrieben. Dieses Zeugnis genügte dem Menschen nicht. Wenn ich dies bedenke, möchte meine Seele im Meer der unendlichen Traurigkeit versinken. Doch die Kraft der Vorstellung von der ewigen Liebe entreißt mich den Wogen dieses höllischen Meeres.

Ohne Vorstellungen wäre der Mensch nicht fähig, Taten zu vollbringen. Aber wir erzeugen mit unseren Vorstellungen nicht nur Handlungen, die sich über die Gedanken auf unserer physischen Erde verwirklichen, sondern auch Welten in unserem Seelenbewußtsein, in allen Schichten unseres Unterbewußtseins, in Dimensionen und Sphären außerhalb unseres irdischen Daseins. Die Vorstellungskraft ist die bedeutendste Kraft. Es gibt keine stärkere. Sie ist der Erbträger in unseren Gedanken, das heißt, sie bestimmt ihre Fortpflanzung. Jeder Gedanke sucht ein Bewußtsein auf, sei es im Menschen selbst oder außerhalb von ihm, das ihm durch seinen Entwicklungsgrad ermöglicht, sich als Tat fortzusetzen. Man kann also sagen, daß wir über die Vorstellung unsere Lebensgrundlagen erzeugen, und zwar nicht nur für die irdische Welt.

Bewußt zu leben bedeutet, sich mit den Auswirkungen der Vorstellungskraft vertraut zu machen. Wir leben und arbeiten ohne das Bewußtsein, daß die Essenz in allem Tun aus der Kraft der Vorstellung gezogen wird. Alle unsere Handlungen und Gedanken sind in der vierten Astraldimension wie die Negative von Fotografien archiviert. So wie man von einem Negativ viele Abzüge machen kann, existieren unsere Gedanken und Handlungen als Abzüge auch in anderen Bewußtsein, Welten, Dimensionen und Sphären. Die Auswirkungen der Vorstellungskraft sind also sehr vielfältig. Wenn ich einen Stein in das Wasser werfe, entstehen viele Ringe und Wellen.

Die Matrize der astralen Akasha-Chronik ist wiederum bis ins kleinste Detail in unserem Unterbewußtsein vorhanden. Das bedeutet, daß die menschlichen Erfahrungen aller Zeiten, aller Freuden und Leiden, daß alles, was geschieht, je geschah und geschehen wird, in jedem einzelnen von uns vorhanden ist. Die Individualität ist vom Ich, vom Verstand bestimmt, die Persönlichkeit vom Gefühl, aber das, was unser Wesen eigentlich ausmacht, sind die Erfahrungen aller Menschen und Wesen, sind die Erfahrungen dessen, was sich überhaupt entwickelt, auch in der Natur, der Tier-, Pflanzen- und Mineralwelt. Ich bin du genauso, wie du ich bist, mit dem Unterschied, daß wir verschiedene Bewußtsein in uns entwickelt haben, also nicht denselben Fehlern unterliegen. Die Menschen des Neuen Zeitalters werden sich kaum mehr nur aus dem Ich heraus entwickeln. Für sie wird die Einheit allen Lebens, die für unser Denken noch eine komplizierte Theorie darstellt, das praktische Leben sein.

Unsere Entwicklung geht dahin, daß das Ich und das Gefühl sich in das Ganze eingliedern. Dann leben wir, wenn wir noch Menschen sind, aus der Weltseele. Wenn wir auf dem Weg der Entwicklung noch feinstoffliche Wesen sind, leben wir aus den astralen Schwingungen. Wenn wir den Astralkör-

140

per abgelegt haben und zu noch reinerer Energie geworden sind, leben wir aus dem Christusbewußtsein, aus der Mentalebene. Wenn unsere Entwicklung nur noch die Anbetung und Ehrung Gottes ist, leben wir aus der Kausalebene, aus den reinsten Gedanken der Liebe, aus Gott. Dann zerfließen wir zum reinsten Licht und vereinen uns mit der Unendlichkeit.

Wir sollten versuchen, diese Aussagen nicht nur verstandesmäßig zu verstehen, sondern sie als Schwingungen in unserer Seele aufzunehmen. Wir müssen nicht dies oder jenes glauben, sondern wir sollten uns darin üben, die geistigen Gesetze in unserer Seele zu bewegen. Dadurch können wir fähig werden, den beschränkten Wahrheitsbegriff, die beschränkten Realitäten unseres Verstandes zu umgehen und immer weniger in seine Falle zu tappen. Gott in uns ist groß. Wir benehmen uns wie Erdenwürmer, wenn wir dem Gott in uns den kleinsten Platz einräumen.

Wir sollten, bevor wir handeln, es uns zur Gewohnheit machen, die Reinheit unserer Vorstellung zu überprüfen und über das anzustrebende Ziel nachzudenken. Wir bemühen uns oft um unsere individuelle Entwicklung. Wir besuchen Kurse. Wir verfechten eine Individualität, ohne eigentlich zu wissen, was sie bedeutet. Die Individualität gibt uns nicht das Recht, nur das zu tun oder zu lassen, was wir gerade wünschen. Wir müssen uns vergegenwärtigen, daß wir am Ende unserer Entwicklungen eben nicht als Individuum zu unserem Ursprung zurückkehren, also nicht als Ich, sondern als Teil vom Ganzen. Die Individualität ist ein Durchgangsstadium, in dem wir die Achtung vor den Menschen und dem Leben überhaupt lernen sollen. Haben alle unsere Bewußtsein diesen Lehrgang abgeschlossen, löst sich unsere Individualität auf, und wir gehen ein in das Ganze.

Solange wir auf unserem persönlichen Weg sind, ohne in aller Bewußtheit den Gott in uns miteinzubeziehen, werden wir auf unserer Suche immer der Individualität verhaftet bleiben und weder uns selbst noch die Geschehnisse der Welt verändern können. Der beste und schnellste Weg, sich zu erkennen und liebesfähiger zu werden, besteht darin, sich jeden Tag vorzustellen, daß Gott in uns ist. Dieser reine Gedanke bewirkt, daß wir Gott in uns immer bewußter spüren und aus Ihm zu leben lernen. Wir stellen uns Ferien vor; das Auto, das wir kaufen; das Haus, das wir besitzen möchten; die Reisen, die wir noch machen wollen; Geld, das wir haben möchten; wir stellen uns unzählige Dinge vor, aber fast nie Gott in uns.

Wenn wir täglich einmal den Satz sprechen: »Gott ist in mir, und ich bin in Ihm«, erzeugen wir in unserem Wesen nicht nur Licht, sondern stoßen mit dieser Gedankenenergie immer wieder an die Grenze des Verstandes, bis wir sie im Laufe der Zeit durchstoßen, so daß, wenn auch zunächst nur in einzelnen Tropfen, göttliches Bewußtsein unserem Verständnis zufließen kann. Nur wenn wir unermüdlich mit unserer Vorstellungskraft den Gott in uns ansprechen, wird das Gottesbewußtsein in uns lebendig und spüren wir seine Ausstrahlung, die als Intuition und inneres Wissen dem Seelenbewußtsein zufließt.

Auch wenn das Verstandesbewußtsein zunächst nicht verstehen will, daß Gott in uns ruht, und das Erinnerungs-Unterbewußtsein ständig versucht, den von der gewohnten Bahn abweichenden Gedanken zu revidieren, sollten wir nicht aufgeben. Je öfter wir unserem Verstand und unserem Erinnerungs-Unterbewußtsein den Gedanken an Gott in uns vorstellen, wie wenn wir einen fremden Menschen mit einem anderen bekanntmachen, desto stärker wird er sich ihnen einprägen. Es hilft unserer Entwicklung, wenn wir Neues nicht sofort abweisen oder verdrängen.

Ob wir sagen: »Nein, das glaube ich nicht«, oder: »Im Moment kann ich das nicht verstehen«, ist keineswegs dasselbe. Es ist wichtig, in der Sprechweise Worte zu wählen, die nicht verneinen, denn solche Formulierungen bestärken immer die Grenzen des Verstandes und laden das Erinnerungs-Unterbewußtsein mit negativer Energie auf. Sie führen uns in krankmachende Zweifel und in Kleinmütigkeit. Auch schadet es der seelischen Gesundheit, wenn wir uns nach einer negativen Erfahrung ausmalen, wieviel schlimmer es doch hätte kommen können, denn damit sprechen wir in unserem Erinnerungs-Unterbewußtsein die schlimmeren Programme an, die, so verstärkt, nur darauf warten, bei Gelegenheit bestätigt zu werden. Die meisten Menschen sagen in solchen Situationen: »Ich habe nochmal Glück gehabt!« Im Laufe der Entwicklungen werden wir dahin geführt, alle Prüfungen des Loslassens zu bestehen. Dann erst werden wir als Mensch an nichts mehr zerbrechen und sind, unabhängig davon, was uns zugestoßen ist, in der Lage, dafür zu danken, daß die Kraft Gottes uns aufgefangen hat.

Wenn ein Mensch in reiner Absicht meditiert oder betet, schließt er sich einem ganz bestimmten Kanal an, über den er aus den feinstofflichen Welten konzentrierte göttliche Gedankenkraft aufzunehmen vermag. Auf unserer Erde, aber auch auf anderen Planeten mit noch nicht allzuweit entwickeltem Bewußtsein mangelt es noch sehr an der Reinheit der Gedanken. Anders bei den höherentwickelten Geistwesen in den feinstofflichen Dimensionen: Für sie sind die göttlichen Gedankenenergien faßbarer als für uns; ihr Seelenbewußtsein wird von der göttlichen Gedankenkraft berührt, und deshalb entwickeln sich diese Wesen in erster Linie aus dieser Kraft heraus. Sie erzeugen durch die Anbetung Gottes, durch die höherentwickelte Nächstenliebe und das beginnende Begreifen der allumfassenden Liebe reine Gedankenenergien, die durch die Sphären hindurch in andere Planeten, Ebenen und Welten fließen. Sie versuchen in ständiger Liebe, trübe Bewußtsein anderer zu reinigen und die Ballungen negativer Gedanken in ihren Auswirkungen zu mildern.

Je nach der Kraft der Reinheit, mit der ein Gedanke aufgeladen ist, wird er gleichzeitig von den vier Elementen Feuer, Wasser, Luft und Erde aufgeladen. Wegen dieser Aufladung kann man sagen, daß ein Gedanke vierpolig ist. Wenn wir bedenken, daß über die Elemente die Kraft der Gedanken die Pflanzenwelt, die Tierwelt, die ganze Natur, ja alle kosmischen Strömungen beeinflußt, dann müssen wir erkennen, daß wir ihnen gegenüber eine besondere Verantwortung tragen. Wir Menschen leben von der Natur, wie sie von uns lebt. Es besteht also ein gegenseitiger Energieaustausch. Die Negativität des menschlichen Denkens hat sich so verstärkt, daß gewisse Pflanzen sogar ihre Struktur veränderten. Dadurch haben sie sich immunisiert, um die vielen negativen Gedankenenergien abzustoßen. Die Mißhandlungen der Natur durch lieblose Gedanken werden für die Entwicklung des Planeten Erde, aber auch anderer Planeten folgenschwere Auswirkungen haben.

Der Mensch kann sich mit seinem Verstand und freien Willen gegen die göttliche Ordnung wenden. Die stille Dienerin Natur, die nicht vom Verstand geleitet wird, leistet dem göttlichen Plan immer Folge. Wenn wir sie ausbeuten und durch die vielen schlechten Gedanken mißhandeln, wird sie sich immer zur Wehr setzen können, indem sie ihre Struktur den gegebenen Umständen anpaßt. Dies gilt jedoch nicht für den Menschen. Die Zeit wird kommen, wo viele Menschen im Unrat ihrer Gedanken ersticken werden. Danach wird es den höherentwickelten Wesen aus anderen Dimensionen möglich sein, diesen Gedankenunrat zu reinigen, damit neues, positives Leben entstehen kann.

Wohl ist unsere heutige Zeit mit dem Überdruck der negativen Gedanken nicht leicht zu ertragen, doch viele Seelenbewußtsein bereiten sich auf eine Umpolung der Gedankenenergien vor. Gedanken wandeln die Zeiten. Wenn dereinst die Welt ihren Wendepunkt erreicht, beginnt das Neue Zeitalter, das in vielen Seelenbewußtsein als Gedanke schon vorhanden ist.

Neben der Vorstellungskraft gibt es noch andere Kräfte, zum Beispiel die Willens-, die Entscheidungs- und die Erkenntniskräfte. Es liegt in der menschlichen Natur, den Weg des geringsten Widerstandes zu gehen, und häufig setzen wir diese Kräfte nur ein, um es uns möglichst bequem zu machen. Oft stellen wir hinterher fest, daß die vermeintliche Bequemlichkeit ein hartes Lager geworden ist, auf dem wir dann zu ruhen haben. Daher ist es wichtig, daß wir üben, aus der Kraft des Seelenwillens Entscheidungen zu treffen. Wollen wir ein Problem mit ehrlichem Willen bewältigen, sollten wir unsere Vorstellungskraft wie in einer Art Kammer einschließen. Dann gehen wir mit unserem Bewußtsein in diese Kammer, und unterrichten gleichzeitig unser Hohes Selbst, daß wir die nun anzustellenden alternativen Gedanken und Vorstellungen nicht ins Universum fließen lassen, sondern bewahren wollen. Wir arbeiten alle Möglichkeiten durch, bis wir uns für eine Lösung entschieden haben. Ist dieser Prozeß abgeschlossen, laden wir unsere Entscheidung mit Licht auf und stellen uns mit innerer Anteilnahme und unserem ganzen Gefühl vor, wie sich die gewünschte Lösung realisiert. Alle anderen Alternativen, die wir verworfen haben, atmen wir tief aus und lösen sie im Luftelement auf. Auf diese Weise stellen wir sicher, daß die für die verworfenen Lösungen aufgewendete Vorstellungskraft sich in keinem Bewußtsein und in keiner Dimension manifestiert.

Haben wir uns die Fähigkeit noch nicht erarbeitet, mit unserem Bewußtsein in eine solche Kammer vorzudringen, genügt es auch, sich auf einem Blatt Papier ein großes Viereck zu zeichnen, damit alle unsere Gedanken, die die Frage beantworten oder eine Lösung des Problems darstellen könnten, darin Platz haben. Mit der Kraft unserer Vorstellung verhindern wir, daß Energie aus diesem Viereck heraustritt. Dann laden wir, wie beschrieben, die gefundene Lösung auf und stellen uns das Bild ihrer Verwirklichung möglichst plastisch und in allen Einzelheiten vor. Die verworfenen Alternativen atmen wir ganz bewußt tief aus und verbrennen das beschriebene Blatt.

So gibt es für die Entwicklung des Menschen viele einfache Hilfen und Möglichkeiten, wenn er nur die Disziplin aufbringen würde, sich dafür die Zeit zu nehmen. Der Mensch ist sich nicht bewußt, daß er für das Aushalten seiner Leiden viel mehr Zeit braucht als dafür, Disziplin anzuwenden. Disziplin hebt Leiden auf.

Die Vorstellungskraft hilft dem Menschen auch, sich besser in andere Menschen, in die Tiere, in die ganze Natur einzufühlen. Es ist wichtig, bei jeder Wahrnehmung die Vorstellungskraft einzusetzen. Wenn wir einem anderen Menschen zuhören, sollten wir versuchen, sensibel zu werden für den Klang und die Vibrationen seiner Stimme, also für all das, was mitschwingt, und uns diese Schwingungen in Farben vorzustellen. Wir können die gesprochenen Worte mit den Ohren hören und gleichzeitig den Klang der Stimme, die emotionale Tönung, bewußt über das Herzenergiezentrum aufnehmen. Wenn das Herzzentrum und die Ohren offen sind, hören wir aus einem Wort etwas ganz anderes heraus als nur mit dem Gehörsinn. Mit diesem Bewußtsein hören zu lernen heißt, einen wichtigen Schritt in der gesamtheitlichen Entwicklung zu tun. Wir werden über uns selbst erstaunt sein. Wir fördern auf diese Weise unsere Vorstellungskraft und entwickeln ein Hellfühlen.

Die Gedankenkraft ist unsere Schöpferkraft. Je intensiver wir uns ein gewünschtes Ziel ausmalen, je bildhafter und lebendiger wir uns eine angestrebte Situation vergegenwärtigen, desto schneller beginnen die gesetzten Ziele, sich in unserem Leben zu verwirklichen. Jeder Gedanke hat die Tendenz, die dazugehörige Form auf der physischen Ebene zu schaffen. Da alles Energie ist, geht es nur darum, daß die Wirklichkeit der feinstofflichen Schwingungen, die wir im Augenblick der Entstehung eines Gedankens auf der geistigen Ebene erzeugen, sich in grobstoffliche Schwingungen umsetzt, das heißt, sich in der materiellen Dimension manifestiert. Wenn wir unsere schöpferische Phantasie nutzen, um eine Aufgabe oder eine gewünschte Wirklichkeit vor das geistige Auge zu stellen, hat es das höhere Bewußtsein leichter, uns bei der Realisierung auf dem physischen Plan behilflich zu sein. Es ist die Vorstellungskraft, mit der wir im Sinne des geistigen Gesetzes unserem Hohen Selbst sagen, was wir wollen und wie wir unseren freien Willen einsetzen möchten.

Die Vorstellungskraft in der Meditation entwickelt die außersinnliche Wahrnehmung. Sie ermöglicht, die Sprache der geistigen Helfer zu verstehen. Eine andere Verständigung gibt es nicht, es sei denn, ein Mensch ist dazu auserwählt, medial zu hören.

Es ist wichtig, daß wir uns täglich vorstellen, wie wir uns mögen, wie wir uns selbst lieben. Lächeln Sie sich einmal am Tag einige Minuten im Spiegel zu. Da Gott uns verzeiht, wenn wir guten Willens sind, können auch wir mit der Kraft der Vorstellung uns verzeihen. Wir sollten nie vergessen, daß das Wiegenlied Gottes uns einhüllt, wenn wir die Vorstellung von seiner Liebe in uns hegen.

Abschließend möchte ich sagen, daß unsere positive Vorstellungskraft in der Form wunderschöner Farben in unsere Aura hinein und aus ihr heraus ins Universum fließt. Viele Farben wandeln sich in Klänge um. Es sind die geistigen Lobgesänge an Gott. Alle Wesen, welche in ihren Sphären gute Vorstellungen als Kraft produzieren, helfen mit, die Weltseele und die Entwicklung jedes einzelnen zu fördern. Sie pflanzen Millionen von Schwingungen, die alles Sein durchdringen und die die Welten der Dunkelheit und des Schmerzes zur Welt des Lichtes und der Freude erheben. Der Mensch trägt entwicklungsbedingt beide Welten in sich, die helle und die dunkle. Aber die Kraft seiner positiven Vorstellung bewirkt die Überwindung der Dunkelheit. Wir dürfen nicht vergessen, daß die Kraft der Vorstellung ein echtes Schutzfeld ist, das sich in unserem Leben aufbaut und in dem wir geborgen sind. So versinken wir nicht im Meer der Kleinmütigkeit, wenn der Sturm einer Prüfung uns erreicht, und lassen uns nicht vom Wirbel niederer Gedanken in die Tiefe reißen.

Wir dürfen Verständnis haben für unsere Fehler und Schwächen, für unser Menschsein, und sollten nicht nur streng mit uns sein. Ja, wir müssen uns lieben lernen aus der Liebe Gottes. Aber wir dürfen es nicht dabei bewenden lassen, daß wir unser Leid beklagen. Viele Menschen sind wie schreiende

Säuglinge, die vor lauter Weinen und Wehklagen nicht spüren, daß Gott sie in seinen Armen hält. Wir sollten das Leid durch die Kraft der Gedanken und der Vorstellung ins göttliche Bewußtsein fließen lassen, damit es dort umgewandelt wird in Trost, in Hoffnung, in Glaube, in Zuversicht. Jeden Abend sollten wir von neuem um das höhere Verständnis der Liebe bitten. Wir können dies mit den folgenden Worten tun:

Gott, der Abend legt der Welt
sein müdes Tuch um ihre Schultern.
Schwer und dunkel ruht es
auf der Seele dieser Welt.
Auch ich stehe unter diesem Tuch
und nehme seine Lasten wahr.
Doch am Horizont leuchtet
der Stern der Liebe und der Gnade.
Meine Seele öffnet sich
weit wie ein Tor,
durch das Du, Gott,
in diese meine Nacht schreitest.
Amen.

Mikro- und Makrokosmos

Gott ist in uns, und wir sind in Ihm. Es gibt nichts außerhalb von Gott. Er ist in allem, und alles ist in Ihm.

Diese Aussagen haben mich viele Jahre meines Lebens beschäftigt. Als ich dieses Buch schrieb und über sie meditierte, drängte sich mir das Bild des Atoms auf. Obwohl ich mich in der Physik nicht auskenne, sah ich vor meinem geistigen Auge physikalische Prozesse ablaufen. Ich möchte den Versuch wagen, den Sinn der eingangs zitierten Aussagen anhand der kosmischen Evolution so zu erklären, wie ich es in meinen Meditationen erfahren und geschaut habe. Natürlich ist mir bewußt, daß meine Beschreibung bei weitem nicht die letzten Zusammenhänge aufzudecken vermag. Aber vielleicht kann sie den Leser anregen, wieder einmal über sich selbst und seine Rolle in der Entwicklung des Universums nachzudenken.

Vor dem Anfang allen Seins existierte Gott als Urkern all dessen, was kommen sollte. Dieser Urkern hatte weder zeitliche noch räumliche Dimensionen. Er bestand vielmehr aus einer Art unerschöpflicher Lichtquelle, zusammengesetzt aus unendlich vielen pulsierenden Schwingungszuständen, die ich im folgenden als das Gottesbewußtsein bezeichne. Jedes dieser Bewußtsein besaß eine eigene Struktur. Da

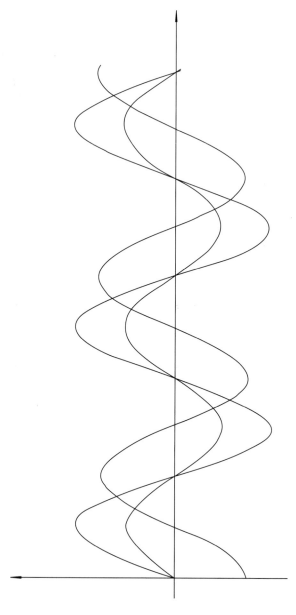

Harmonisch zyklische Sinus- und Cosinusschwingungen; ihre Überlagerungen erlauben die Darstellung jeder beliebigen disharmonischen Schwingung.

152

im Gottesbewußtsein keine Zwänge vorhanden sind, hatten die Bewußtsein auch einen freien Willen, der ihnen die Möglichkeit zur Veränderung gab.

Ich fragte mich immer wieder, wie es geschehen konnte, daß aus dem göttlichen Urkern, aus der Vollkommenheit, eine Abspaltung des Unvollkommenen erfolgte. Und ich sah, daß verschiedene Bewußtsein sich kraft ihres freien Willens eigenständig zu entwickeln begannen und sich überlagerten. Dadurch kam es zu einer völlig neuen, man könnte sagen: nicht mehr rein harmonischen Schwingung. (Tatsächlich ist es in der Physik möglich, aus rein harmonischen Schwingungen durch Überlagerung jede beliebige disharmonische Schwingung herzustellen; siehe Zeichnung.)

Die neu schwingenden Bewußtsein hatten zwar noch immer göttlichen Charakter, doch nicht mehr in dem Maße des reinsten Bewußtseins. Sie lösten sich schließlich in ihrem Streben nach Unabhängigkeit aus dem Verband der universellen Harmonie. Durch immer neue eigenständige Entwicklungen war eine Veränderung im Urkern eingetreten. Solange die Gottesbewußtsein allesamt harmonisch schwangen, hatte es immer nur Ursachen, niemals aber Wirkungen gegeben. Jetzt aber traten Wirkungen zwischen den einzelnen Strukturen auf, die eine Trennung vom Urkern nahelegten. Das umstrukturierte neue Bewußtsein lehnte sich daher gegen das Gottesbewußtsein auf und forderte Unabhängigkeit. Es glaubte, ohne das reine Gottesbewußtsein existieren zu können. Als die Trennung erfolgte, kam es zu dem, was man als »Urknall«, die Entstehung von

Raum und Zeit, bezeichnet. In einer Art Explosion trennten sich die »Rebellierenden« vom göttlichen Urkern, der natürlich seine Existenz unabhängig davon weiterführte und infolge seiner Unendlichkeit keine wirkliche Einbuße erlitt; denn Unendlich weniger x bleibt unendlich.

Nach der Explosion bestand das abgespaltene Bewußtsein für wenige Augenblicke aus ungeheuer großer Energie, welche sich sofort in einem einzigen Punkt materialisierte. Damit war der Prototyp aller Materie, das Uratom, entstanden. Es hatte, vereinfachend gesagt, bereits dieselbe Struktur, wie wir sie von den Atomen kennen. Die Physik lehrt, daß Materie aus unvorstellbar kleinen Teilchen besteht. Jedes dieser Atome besitzt dabei einen Kern aus positiv geladenen Protonen (p^+) und ungeladenen Neutronen (n^0), welche zusammen beinahe die gesamte Atommasse ausmachen, im Verhältnis zum Atomradius jedoch sehr klein sind. Wenn, wie es die Religionen nahelegen, der Urkern allen Seins Gott ist, dann, so dachte ich, muß der Kern jedes Atoms Gott sein. Als ich diese Idee mit in meine Meditation nahm, sah ich die Neutronen als die Liebe Gottes oder als Gottvater, die Protonen als den heiligen Geist und den Kern insgesamt als das Gottesbewußtsein. Die Abspaltungen der eigenständigen Bewußtsein erkannte ich als die negativ geladenen Elektronen (e^-), die sich auf bestimmten Bahnen um den Kern bewegen, um die Ladung der Kernprotonen zu kompensieren (Zeichnung S. 155 »Das Atom«). Das Elektron wurde mit seiner umgekehrten Ladung zum Gegenpol des Göttlichen.

154

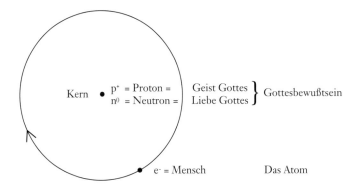

Die Abspaltung des abgefallenen Bewußtseins war nichts anderes als die Tätigkeit des neu entstandenen Prinzips von Ursache und Wirkung. Mir wurde klar, daß der Atomkern der Ursache entsprach und damit all jenen Schwingungen, die rein und harmonisch geblieben waren, also dem wirkenden Geist Gottes (p^+) und der allumfassenden Liebe Gottes, den Neutronen (n^0). Während also der Kern der Ursache entsprach, kam den durch die Kraft des freien Willens abgespaltenen Bewußtsein, den Elektronen (e^-), die Wirkung zu. Damit war aus der Singularität endgültig die polare Dualität entstanden, welche noch heute bis in die feinsten Kapillaren allen Lebens wirkt (siehe Zeichnung »Kosmische Evolution/Revolution«).

Das göttliche und das eigenständige Bewußtsein stießen sich nach dem Zusammenprall (Urknall) wieder ab und blieben, wie schon gesagt, als Pol und Gegenpol erhalten. Die Energiebahnen, auf welchen die beiden Pole nach dem Urknall zurückschnellten, ließen Zeit und Raum entstehen. Infolge des dualistischen Prinzips besitzt jeder Raum einen

155

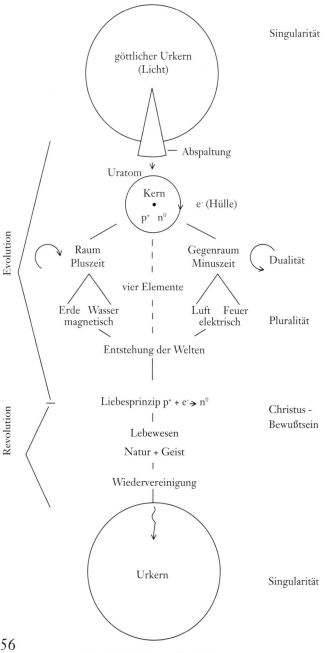

Kosmische Evolution/Revolution

Gegenraum. Dies nehmen, wie ich inzwischen erfuhr, viele Wissenschaftler bereits an, womit sie
auch das Phänomen erklären, daß die Elektronen
zwar Träger einer bestimmten Masse und Ladung
sind, hingegen keine Ausdehnung besitzen, also einen Radius von exakt Null haben. Die Elektronen
müssen sich folglich in einem geschlossenen Gegenraum aufhalten, wirken jedoch physikalisch in
unseren Raum hinein (absolute Raumkrümmung).

Auch die Zeit war dem Dualismus unterworfen.
Im Kernbereich entstand die Minus-Zeit in Form
von linksdrehenden Kreisen. Im Bereich der negativen Elektronen entstand die Plus-Zeit in Form
rechtsdrehender Kreise. Dabei sind alle Lebewesen
in den grobstofflichen Welten bis hin zu der vierten
Astraldimension der Plus-Zeit unterworfen. Die
Minus-Zeit liegt auf der Bahn des göttlichen Bewußtseins und die Plus-Zeit auf derjenigen des gefallenen Bewußtseins. Der Raum mit der Plus-Zeit
sowie das Erd- und Wasserelement sind in ihrer
Aufladung magnetisch; der Gegenraum mit der
Minus-Zeit sowie das Luft- und Feuerelement sind
in ihrer Aufladung elektrisch. Es wird die Zeitlosigkeit wiederkommen, nämlich an jenem Punkt,
wo die Plus- und die Minus-Zeit sich wiederfinden,
wenn die beiden gegenläufigen Zeitlinien sich wieder
annähern, zu Parallelen werden und sich schließlich
im Raum schneiden: in der Unendlichkeit Gottes.
Dort werden die beiden spiralförmig fortschreiten-
den Zeitlinien sich vollständig überlagern und sich
so aufheben. Daß in bestimmten Bereichen der
feinstofflichen Welten annähernd Zeitlosigkeit
herrscht, ist auf den im Überlappungsbereich der

beiden Spiralkreise wirkenden Effekt zurückzuführen. Der Überlappungsbereich beider Kreise der Plus- und der Minus-Zeit bildet ein starkes Magnetfeld, das man als Zeittunnel bezeichnet (siehe Zeichnung).

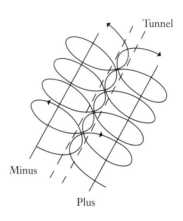

Auch wir Menschen sind der Polarität unterworfen. Die rechte Körperseite beim weiblichen Geschlecht entspricht dem Minus-Pol, die linke Seite dem Plus-Pol. Beim Mann ist es umgekehrt. Der Plus-Pol ist rechts und der Minus-Pol auf der linken Körperseite. Die Plus-Zeit im Körper bewirkt den natürlichen Abbau der Körperkräfte, der Organe und Zellen, das menschliche Altern also. Gleichzeitig baut die Minus-Zeit in anderen, bereits höher entwickelten Bewußtsein unsere nächsten Leben auf. Erst wenn wir im Laufe vieler Leben und Entwicklungen die vierte Astraldimension überwunden haben, wird eine Ich-freie Entwicklung möglich sein.

158

Die Aktivierungen der Plus- und Minus-Zeit brachten die vier Elemente Erde, Wasser, Luft und Feuer hervor. Natürlich dürfen wir uns unter den Elementen nichts Materielles vorstellen: Sie sind im metaphysischen Sinn jene wirkenden Prinzipien, die nach bestimmten Gesetzen die Natur und alles Sein in den grob- und feinstofflichen Bereichen bestimmen. Es handelt sich dabei also nicht um Erde, Wasser, Luft und Feuer im physischen Sinne – sie stellen nur Aspekte der Elemente auf der grobmateriellen Ebene dar. Jedes Element ist zweipolig. Diese Polarität besteht aus der Aktivität und der Passivität. Das Aktive ist das Aufbauende, das Schaffende, das Erzeugende. Das Passive ist das Zersetzende, das vernichtende Prinzip.

Das Prinzip des Feuers ist in allem vorhanden, im Sichtbaren und im Unsichtbaren. Das Feuerprinzip ordne ich der Allmacht Gottes zu. Im Menschen bestimmt das Feuerelement den Willen. Sein Gegenpol ist das Wasserelement. Dieses Prinzip drückt die Liebe und das ewige Leben aus. In der menschlichen Veranlagung bestimmt das Wasserelement das Gefühl. Die Vermittlerin zwischen dem feurigen und dem wäßrigen Prinzip ist das Luftelement. Zwischen dem aktiven und passiven Wirken des Wassers und des Feuers stellt das Luftelement ein neutrales Gleichgewicht her. Es hat vom Feuer die Eigenschaft der Wärme und vom Wasser die der Feuchtigkeit angenommen. Ich sah die Elemente als Gottesidee. Das Luftprinzip stellt die Weisheit und die Reinheit dar. Dieses Element drückt sich beim Menschen im Verstand aus. Aus der Wechselwirkung dieser drei Elemente ging das Erdelement hervor.

Das Erd- und das Wasserelement formten sich direkt aus der Plus-Zeit und leiteten die Evolution unseres Kosmos ein. Das Feuer- und das Luftelement hingegen erzeugten aus der Minus-Zeit heraus die feinstofflichen Welten, den Gegenkosmos. Natürlich ist jedes Element sowohl magnetisch als auch elektrisch aufgeladen und wirkt sowohl in den fein- als auch in den grobstofflichen Welten. Wenn wir Zuordnungen vornehmen, zum Beispiel das Erd- und das Wasserelement dem Kosmos und das Luft- und Feuerelement dem Gegenkosmos zuordnen, bedeutet dies lediglich, daß es die vorherrschenden Prinzipien sind.

So entwickelte sich der gesamte fein- und grobstoffliche Kosmos bis heute durch diese vier auf- und abbauenden Manifestationen des Dualismus. Die Unterschiede zwischen grober und feiner Materie liegen dabei weniger in der Struktur der Atome als vielmehr in ihren Schwingungszuständen. Wie vollzog sich aber die Evolution aus dem Uratom? Diese Frage brannte in meiner Seele. Die Antworten erhielt ich in einem luziden Traum.

Anscheinend schuf Gott nicht einfach die Welten, indem er sechs Tage lang arbeitete und am siebenten ruhte. Vielmehr bewirkten die vier Elemente kurz nach der Entstehung von Raum und Zeit eine Metamorphose des Uratoms, welches sich wie eine Zelle immerfort zu teilen begann und Materie vorwiegend in Form von Wasserstoff in die beiden Kosmen, in den Raum und in den Gegenraum, schleuderte. Elementarer Wasserstoff besitzt nur ein Proton, das den gesamten Kern ausmacht. Die Neutronen fehlen. Ich sah, daß zu diesem Zeit-

160

punkt zunächst der Geist Gottes (p⁺) tätig war, nicht aber seine Liebe (n^0). Durch das dualistische Prinzip wurden nun Kräfte im All wirksam, die die Materie zu formen und zu ordnen hatten. Die Gravitation (Massenanziehung) sorgte dafür, daß sich überall Materieklumpen bildeten, welche infolge der Zusammenziehung enorme Energien in Form von Wärme freisetzten. Bei Temperaturen von vielen Millionen Grad Celsius kam es dadurch zu spontanen Kernfusionen. Protonen verschmolzen unter Aussendung von noch viel größeren Energien in Form von kurzwelliger Strahlung zuerst zu Helium, später zu allen anderen Elementen (im Sinne der Chemie).

Dank dieser Kerntätigkeit wurde im wahrsten Sinne des Wortes Licht im All, und immer mehr Sonnen fingen an zu strahlen. Auf diese Weise entstanden im Laufe der Jahrmilliarden Trilliarden von Sonnen und Planeten, geordnet in Sternsystemen und Galaxien, und allesamt führten sie ähnliche Bewegungen aus wie die kleinsten Atome. Mit dem Auftreten des ersten Sonnenlichts kam auch die Liebe Gottes (n^0) zur kosmischen Evolution hinzu. Die Gottesbewußtsein vieler Protonen begannen sich umzuwandeln. Da schon zu Beginn das Evolutionsziel die Wiedervereinigung mit dem göttlichen Urkern war, mußte der Geist Gottes, das Protonenbewußtsein (p⁺), auch die disharmonische Struktur der Elektronen in seinen Umwandlungsprozeß miteinbeziehen. Es kam zu folgender Kernreaktion:

$$p^+ + e^- \rightarrow n^0$$

Der Geist Gottes und das eigenständige Bewußtsein bildeten die göttliche Liebe. Die Vereinigung
der Dualitäten Proton und Elektron brachte also
das neutrale, ungeladene Neutron (n^0) hervor: ein
neues einigendes Prinzip. Im Einklang mit den vier
Elementen, mit der Plus- und der Minus-Zeit,
konnte auf diese Weise der Kosmos aus dem gefallenen Urbewußtsein die vielfältigsten Lebewesen
hervorbringen und dies dank des Prinzips der Liebe.
Es entstanden die Mineralien, die Pflanzen, die
Tiere und der Mensch. Dieser entwickelte als einziges Wesen die Fähigkeit des verstandesmäßigen
Denkens. Unter »Mensch« verstehe ich alle bewußt denkenden Wesen beider Kosmen. Dies Privileg verlangt aber gleichzeitig von ihm, mit Hilfe
der Liebe Gottes die Evolution ihrem Ziel näherzubringen. Doch noch immer eilt er auf der Suche
nach sich selbst und seinem Ego durch die beiden
Kosmen, in immer neuen Reinkarnationen. Die
Wiedervereinigung mit dem geistigen Urbewußtsein könnte nie erfolgen, existierte nicht das aktiv
liebende Neutronenprinzip, durch das sich alles
Gespaltene, also auch der Mensch, mit dem geistigen Urbewußtsein wiedervereinen kann. Um dieses
Ziel zu erreichen, durchlaufen wir alle Stufen der
Ich-Evolution in der Plus-Zeit und jene der
Ich-freien Evolution in der Minus-Zeit.
Alle Materie, die aus dem gefallenen Uratombewußtsein heraus geboren wurde, stellte infolge der
Spaltung eine zunehmende Bewußtseinsverminderung dar. Dies bedeutet, daß wir mit unserem Verstandesbewußtsein Gott nicht mehr erfassen können.
Das Neutronenprinzip der aktiven Liebe ist, seit-

dem es Licht wurde, dabei, alle diese verlorenge-
gangenen Bruchstücke wieder zum großen Ganzen
zusammenzufügen. Dieser Prozeß dauert so lange
an, bis wir mit Gott wiedervereint sind. Alle Erfahrungen unserer Leben sind wie Mosaiksteinchen, die
schließlich ein Ganzes formen, denn bei Gott geht
nichts verloren. So gesehen ist die kosmische Evolution eigentlich eine Revolution: jene der Liebe.

Wenden wir uns noch einmal der Stellung des
Menschen im Weltenszenario zu. Der Mensch ist
das Ebenbild Gottes insofern, als er über einen frei-
en Willen und schöpferische Gedanken- und Vorstellungskraft verfügt. Von den übrigen Geschöpfen
unterscheidet er sich durch den Verstand. Wir sollten
jedoch nicht vergessen, daß die »Krone der Schöpfung« jenem Prinzip entstammt, das sich von Gott
»getrennt« hat. Unser Menschsein ist mit dem
Elektronenzustand, dem Gegenprinzip, vergleichbar.
Wir werden vom positiv geladenen Gotteskern
angezogen und müssen uns dauernd in Bewegung
halten, das heißt entwickeln, um im Atomverband
zu bestehen.

Da wir Menschen, trotz unserer ursprünglich
disharmonischen Struktur, den freien Willen des
Urbewußtseins ererbt haben, können wir uns sowohl
positiv vorwärts als auch negativ rückwärts beliebig
entwickeln. Über die geistige Vorstellungskraft
bringt sich der Wille seit Anbeginn des Weltge-
schehens in die Evolution/Revolution ein. Die
Reinheit der Vorstellung ist mit Licht vergleichbar.
Erzeugt die menschliche Vorstellungskraft positive
Gedanken, zum Beispiel in der Kunst oder in reinster
Nächstenliebe, sind ihre Ausstrahlungen helle Licht-

ströme, die von unseren Zellen aufgenommen und von unserem Seelenbewußtsein gespeichert werden. Fällt Licht auf ein Elektron (e⁻), springt es für kurze Zeit auf eine höhere Bahn. Hier spricht man in der Physik von Photonenabsorption. Genauso verhält es sich bei der reinen Vorstellungskraft. Sie erleuchtet unser Verstandesbewußtsein, was immer eine Bewußtseinserweiterung zur Folge hat. Wenn wir ehrlich bemüht sind, reinste Gedanken zu produzieren (Photonen), ist die Erkenntnis unseres Handelns die innere Erfahrung der göttlichen Liebe, welche als Lichterlebnis unser Wesen für kurze Zeit durchflutet. Solche angeregten Elektronen dienen immer als Wegweiser für unsere übrigen Bewußtsein, denn indem sie auf ihr ursprüngliches oder ein anderes Energieniveau zurückspringen, senden sie ihrerseits Lichtpartikel (Photonen) bestimmter Energie und Wellenlänge aus.

Wie aber verhält es sich mit dem freien Willen, der sich in seiner Entwicklung dem Negativen zuwendet? Mein Helfer aus der geistigen Welt gab mir folgende Antwort. Wenn dieser Wille über die Vorstellungskraft Bilder des Hasses und der Rache aus den dunklen Bereichen der Menschenseele heraufbeschwört, streben diese Bilder ebenfalls nach Verwirklichung. Die dazu erforderliche Energie wird sowohl dem Körper als auch der Psyche entzogen, da rückschreitende Entwicklungen niemals begünstigt werden. Dies erklärt auch, weshalb negative Bewußtseinsakte den Organismus schwächen und rückwirkend auf die Psyche zu Gewissensbissen und Gottverlassenheit führen.

Je mehr Menschen positive Gedankenenergien erzeugen, um so höher wird das Entwicklungspotential eines Systems wie der Erde, um so geringer das im Kosmos herrschende Chaos. Gott verstärkt diesen Revolutionsprozeß, indem er zu bestimmten Zeiten Umpolungen des Elektronenbewußtseins vornimmt. Aus einem negativ geladenen Elektron (e⁻) wird dann ein positiv geladenes, ein Positron (e⁺). Dieses vereint sowohl das göttliche Kernbewußtsein als auch die menschliche Elektronen-Struktur in sich. Als direkt von Gott gesandt, kann ein Mensch mit einem solchen Bewußtsein dann zum Beispiel als Heiliger in wunderbarer Weise der Welt und ihren Menschen helfen. Ich glaube, daß am Anfang jeder Zeitenwende solche Lichtträger ausgesandt werden, um die kommende Phase der Entwicklung vorzubereiten. Das markanteste Beispiel hierfür ist sicher die Erscheinung von Jesus Christus auf unserem Planeten. Seine Botschaft werden wir allerdings erst dann richtig verstehen, wenn wir unser Seelenbewußtsein und dessen Hülle, den Astralkörper, so weit entwickelt haben, daß die Gotteserfahrung als höhere Erkenntnis den Kammern unseres Unterbewußtseins zufließen kann. Dadurch werden im Erinnerungs-Unterbewußtsein die Hemmschwellen negativer Erfahrungen abgebaut oder umgewandelt, so daß Energie freigesetzt wird und sich unser höherer Photonen-Geist manifestieren kann. In einem solchen Moment steht unser persönliches und soziales Bewußtsein in Einklang mit dem Seelen- und Gottesbewußtsein aller Wesen. Wir erleben die Unio mystica, die Gesamtheit als Einheit.

Alle Erkenntnisse aus meinen Meditationen haben mich in der Gewißheit bestärkt, daß Gott in uns ist und wir in Ihm, denn was anderes könnten wir sein als die mit freiem Willen begabte Manifestation eines seiner Bewußtsein. Und wenn man bedenkt, daß jeder Mensch aus schätzungsweise 3×10^{27} (3 000 000 000 000 000 000 000 000 000) Atomen besteht, die in einmaliger Koordination unserem Geist und unserer Seele einen Monumentalbau wie den menschlichen Körper zur Verfügung stellen, so läßt sich wohl kaum mehr daran zweifeln, daß Gott in uns und durch uns als Liebe waltet, in welcher wir zugleich aufgehoben sind, wenn wir wollen. Die vollständige Wiedervereinigung der beiden Kosmen und der beiden Zeiten mit dem Urkern wird als Triumphzug der allgegenwärtigen Liebe ins ewige Weltengedächtnis eingehen, wenn sich die Dualitäten gefunden haben, wenn sich das abgefallene, eigenständige Bewußtsein mit dem Geist Gottes in Liebe wiedervereint:

$$p^+ + e^- \rightarrow n^0$$

Das Wesen der Zeit

Seitdem Einstein festgestellt hat, daß die Zeit keine absolute Größe ist, sondern nur relativ zu einem Bezugssystem definiert werden kann, spricht die moderne Physik nicht mehr von der Zeit. Die Erkenntnis Einsteins erlaubt unserem Denken, sich freier den Begriffen von Zeit im physischen und Zeitlosigkeit im metaphysischen Sinne zu nähern. Als ich bei der Vorbereitung dieses Buches versuchte, mich in der Meditation tiefer in die Erscheinung der Zeit einzufühlen, erhielt ich in der Versenkung den nachfolgenden Text. Als ich ihn niederschrieb, wurde mir bewußt, daß er meinem normalen Verstandesdenken nicht in allen Punkten zugänglich ist. Dennoch bedeutete er mir eine tiefe innere Erfahrung, die mein Seelenverständnis aufgenommen hatte, und deshalb gebe ich ihn hier wieder. Es ist uns ja nicht fremd: Wenn ein Mensch auf Wissen stößt, das über die Grenzen des Verstandes hinausgeht, fällt dieses Wissen in sein Seelenbewußtsein und wird Teil seines geistigen Kapitals, das später oder in einem anderen Leben seine Entwicklung fördert.

Aus dem Urkern, aus der Zeitlosigkeit, fließt der feinste Äther, der Geist Gottes, durch alle Welten und Sphären als Gedanke Gottes. Die Zeit (deren Entstehung im Kapitel »Mikro- und Makrokosmos« beschrieben ist) ist ein göttlicher Gedanke. Sie wurde uns Menschen gegeben, damit wir messen und einteilen können und fähig sind, in einem Lebensrhythmus zu leben. Nicht die Zeit bewirkt das Leben und Sterben, sondern der in der Zeit verborgene Gedanke Gottes.

Wir wissen, daß jede Aktion eine Reaktion auslöst, daß jede Ursache eine Wirkung hat. Deshalb ist verständlich, daß auch unsere Gedanken in der Zeit des Hier und Jetzt ihre Wirkungen in einer nächsten Entwicklung, in einer anderen, zukünftigen Zeit haben werden. Wir entwickeln uns in der Plus-Zeit. Die Wirkungen unserer Ursachen werden von den Bewußtsein in der Minus-Zeit angezogen. Kehren wir in ein späteres irdisches Leben zurück, bilden die in der Minus-Zeit vorhandenen Wirkungen unsere nächste geistige Grundlage, das innere Wissen oder die Intuition. Die Zeit stellt jene göttliche Energie dar, die es dem abgefallenen Bewußtsein ohne Unterschied in seiner Form oder Struktur ermöglicht, überhaupt zu existieren. Demzufolge ist die Zeit eine göttliche Ursubstanz, eine bestimmte Schwingung, eine der jeweiligen Struktur der Planeten und Sphären und allem dort Existierenden angepaßte Energie. Wie das Wasser verschiedene Aggregatzustände annehmen kann oder wie das Luftelement sich in verschiedenen Stärken ausdrückt – als angenehmer leichter Wind, als Föhn, als gewaltiger Sturm, als kalte Bise (= schweiz.: Nordwind) –, so verwandelt sich auch die Zeit in den verschiedensten Dimensionen in andere Energien und Formen. Je grobstofflicher der Planet und die auf ihm lebenden Wesen, um so enger ihre Zeitgesetze. Aber auch in anderen Dimensionen und auf anderen Planeten ist die Zeit für die dort sich entwickelnden Wesen und das Geschehen um sie herum lediglich ein Maßstab.

Alles ist Schwingung, also ist auch das, was wir als Zeit erleben, Schwingung, und nur in den Schwingungen der Zeit sind Wandlungen möglich. Was wir als Zeit erleben, ist Wandlung. Wenn wir sagen, die Zeit geht vorbei oder ein bestimmter Zeitraum ist vergangen, dann sind wohl Geschehnisse abgelaufen, aber nicht die Zeit. Aus den Geschehnissen dieser Zeit bleiben uns die Erfahrungen, und sie wiederum sind Entwicklungen. Das wechselseitige Aufeinanderwirken von Minus- und Plus-Zeit verursacht den Aufbau und das Leben sowie den Verfall und den Tod. Wenn wir sterben, ist das Geschehnis unseres irdischen Lebens abgelaufen, nicht die Zeit des Planeten und auch nicht die Zeit unserer feinstofflichen Entwicklung im Seelenbewußtsein. Mit dem Tod wechseln wir nur in eine andere Form und in andere Geschehnisse der Zeit. Lediglich aus dem Blickwinkel unseres gegenwärtigen Lebens folgt das Heute dem Gestern. In Wirklichkeit geht die Zeit nicht vorbei, sondern sie ist als Gedanke Gottes eine kosmische Energie. Sie ist wie eine Batterie, an der sich alles Leben auflädt. Da die Zeit in den feinstofflichen Dimensionen nicht mehr an das Räumliche gebunden, sondern einfach nur Schwingung und Energie ist, erklärt sich, warum es verschiedene Geschwindigkeiten der Zeit, verschiedene Zeitbegriffe und Zeitabläufe gibt. Je nach Art der Schwingung läuft die Zeit in diesen Dimensionen schneller oder langsamer ab. Die Geschwindigkeit, mit der sich Licht fortbewegt, stellt für den Menschen das Unfaßbare, das Absolute im physisch-raumzeitlichen Bereich dar. Eine Annäherung an die Lichtgeschwindigkeit heißt, Raum, Zeit und Materie (Masse) zu überwinden.

Als Gott dem Menschen seinen freien Willen gewährte, wollte das Geschöpf mächtiger als der Gedanke Gottes sein. Da fiel es aus dem Schoß der Unendlichkeit, aus der Zeitlosigkeit heraus, und es entstand als Gegenpol die Zeit. Durch den Zeitablauf bildete sich das Unterbewußtsein des Menschen als ein Staubecken der Erinnerungen an alle Ereignisse der Leben. Überhaupt sind sämtliche Ergebnisse Abläufe in Vergangenheit, Gegenwart und Zukunft in der Akasha-Chronik, in dem Welt-Gedächtnis der vierten Astraldimension, festgehalten.

Obwohl der Mensch aus der Zeitlosigkeit Gottes in die Zeit gefallen ist, ruht doch Gott als unteilbarer ewiger Geist in Ihm. Weil wir nach dem Ebenbild Gottes entstanden, sind wir zu göttlichen Handlungen fähig, wenn wir uns so weit entwickelt haben, daß wir nur noch aus Ihm heraus leben. Der Schöpfergeist fließt als Segen durch alle Menschen, durch alles Lebendige – ewiglich durch alle Zeiten.

Da Gott in uns ist, ist nichts vom Geschehen der Gegenwart, der Vergangenheit oder der Zukunft

170

außerhalb von uns. In unserem Unterbewußtsein spiegelt sich die Akasha-Chronik der vierten Astraldimension wider. Es braucht eine lange Entwicklungszeit, bis Menschen fähig sind, in dieser Dimension kraft der außersinnlichen Wahrnehmung zu lesen. In der Akasha-Chronik zu lesen bedeutet, die Zusammenhänge aller Geschehnisse zu begreifen. Sie reflektiert auf das gesamte menschliche Wesen, so daß es dann alle Fragen in sich beantwortet sieht und der Pfad der göttlichen Weisheit ihm zu eigen wird. Da kein Mensch außerhalb des kosmischen Geschehens steht, reflektiert alles, was geschieht, auch in ihm. Dieses Geschehen und die verschiedenen Bewußtseinsentwicklungen im Menschen laufen gleichzeitig in verschiedenen Zeiten ab. Das heißt, Gegenwart, Vergangenheit und Zukunft sind eins. Doch die kleinste aller Perspektiven, jene des Verstandes, wird erst im Laufe der Entwicklungen fähig sein, das kosmische Geschehen, in dem der Mensch eingebunden ist, zu begreifen. Wenn ein Mensch gelernt hat, nur noch aus dem höheren Bewußtsein heraus zu denken und zu handeln, kann er sich den Gesetzen der Zeit entziehen. Dann wird er fähig sein, sich unabhängig von Raum und Zeit zu bewegen und vieles zu vollbringen, was die Menschen als Wunder bezeichnen, im Grunde genommen aber ein natürliches Geschehen ist. Zum Beispiel kann er sich gleichzeitig an zwei verschiedenen Orten zur selben Zeit sichtbar machen, das heißt, sich materialisieren, aber auch sich den Blicken seiner Umwelt entziehen, sich also dematerialisieren. Es gelingt ihm, seinen Astralkörper bewußt austreten zu lassen und sich nach seinem Willen in anderen Dimensionen zu bewegen. Ein solcher Mensch besitzt auch die Fähigkeit, in alle Richtungen der Zeit zu schauen. Da er die Gesetze der Elemente beherrscht, kann er Feinstoffliches zu Gegenständen unserer physischen Welt verdichten. Umgekehrt kann er reale Gegenstände in die Form feinstofflicher Schwingung zurückführen. Jesus Christus hat bezeugt, wozu ein Mensch, der aus Gott lebt, fähig ist. Und vergessen wir nicht seine Worte: »Wahrlich, wahrlich, ich sage euch: Wer an mich glaubt, wird selber die Werke, die ich wirke, vollbringen, ja er wird noch größere tun als diese.« (Joh. 14, 12)

Die Zeit ist so gut, wie es die Gedanken der Menschen sind. Die Entwicklung der Welt hängt von den Gedanken der Menschheit ab. Sie bestimmen das jeweilige Zeitalter. Wie wir mit dem göttlichen Gedanken der Zeit umzugehen verstehen, zeigen die Zeichen der Zeit unseres Jahrhunderts. Im höheren Bewußtsein ist die Zeit keine Realität. Sie ist lediglich ein Maßstab. Die Zeit ist die Dienerin der Menschen, der Tiere und der Pflanzen. Würden wir begreifen, daß die Zeit Ausdruck der Liebe Gottes ist, hätten wir die Sehnsucht, alle Zeit an Gott zu verschwenden, im Gedanken an Ihn zu leben. Der Gnadenstrom der Zeit ermöglicht uns, über die Entwicklung zurückzukehren zu unserem Ursprung. Deshalb ist die Zeit das Licht in der Dunkelheit.

Die Kraft des Lachens

Ich habe in meinen Meditationen immer wieder erfahren, daß hilfreiche Wesen aus der geistigen
Welt, wenn sie sich mit uns und für uns freuen,
lachen. Natürlich entspricht ihr Lachen nicht dem
unsrigen, da sie ja nicht mehr in einem physischen
Körper leben. Der Ausdruck ihres Lachens erhellt
die Strahlung ihres feinstofflichen Körpers so sehr,
daß ich sie oft als Wärme in meinem ganzen Körper empfunden habe. Es war jedesmal, als hätte ich
einen geistigen Blumenstrauß erhalten. Ich empfinde es auch so, daß unsere Schutzengel uns ermu-
tigen und auffordern wollen, mit unserem menschlichen Lachen, der Verschenkung echter Gefühle,
nicht sparsam umzugehen. Sie lassen Meditierende
oft Bilder empfinden oder sehen, um sie zum Lachen
zu bringen.

Das Lachen dieser feinstofflichen Wesen ist eine
kosmische Energie, die wir in der Meditation über
unsere Chakras als beruhigende, harmonisierende
Kraft aufnehmen. Es ist eine Substanz, die auch
dem Nichtmeditierenden im Schlaf zufließt und ihn
und seine Körperkraft stärkt. Es trägt dazu bei, daß
sich die Menschen nach dem Erwachen körperlich
und psychisch wohl fühlen.

Es gibt keine sichtbaren Äußerungen menschlicher Gefühle, die in ihrer Erscheinung nicht auch

173

in der Natur zu finden wären. Das Lachen hat seine Entsprechung im Wasserelement, und die Schwingungen des Lachens sind den natürlichen Wildbächen in der Natur vergleichbar. So wie ihr Wasser rein über die Berge und durch die Täler sprudelt, fließen die Schwingungen menschlichen Lachens nicht nur durch den organischen und die feinstofflichen Körper, sondern auch als Energien über die Elemente ins All. Zunächst fließt das Lachen mit seinen Energien in Form von Farben in unsere Aura und erzeugt in ihr eine hell leuchtende Farbe, die durch ihre Ausstrahlung unsere seelische Tragfähigkeit stärkt. Wenn wir gelernt haben, humorvoll über uns selbst zu lachen, hilft uns dies, auch in schweren Stunden des Lebens nicht allzu tief zu fallen.

Das Lachen hat in seiner Form auch die Eigenschaften des Luftelements. So wie dieses alles zusammenhält und verbindet, ist das Lachen ein Zusammenhalt und die Verbindung menschlicher Wesen. Sein vielfältiger Ausdruck läßt die seelischen Abläufe nach außen in Erscheinung treten. Das Lachen ist wie feinstoffliche Hände, die großzügig und liebevoll Geschenke des Gemüts und der Seele an andere verteilen. Ein herzliches, ehrliches und frohes Lachen baut auch bei Mitmenschen unbewußte Zwänge und Ängste ab.

Das Lachen ist wie ein breitspuriges Vitaminpräparat, das sich auf die ganzheitliche Gesundheit auswirkt. In den Körperorganen vollziehen die Schwingungen des Lachens Entkrampfungen. Mit jedem Lachen entledigt sich die Leber gewisser Giftstoffe. Die leichten Vibrationen, die das Lachen im Körper hervorruft, lockern die Muskulatur. Die magnetischen und elektrischen Felder werden aufgeladen, so wie wenn man ein Stromspeichergerät über die Steckdose auflädt. Lachen ist nicht nur gesund, sondern auch eine Therapie. Es harmonisiert die körperlichen und feinstofflichen Schichten und löst in ihnen unvorstellbar viele Verkrampfungen und Disharmonien auf.

Lachen als Ausdruck der Freude verstärkt die der Freude eigene Energie und somit im Laufe der Jahre die warme Ausstrahlung eines Menschen. Gerade dann, wenn es uns nicht gutgeht, sollten wir nach Gelegenheiten suchen, über humorvolle Lektüre oder andere lustige Anlässe zu lachen. Damit erleichtern wir uns seelisch und lernen, uns selber weniger ernstzunehmen. Wir tragen dazu bei, die Probleme zu überwinden, und verhindern, daß sie sich in den Organbewußtsein als krankmachende Energie absetzen. Wir sehen, daß etwas so Einfaches wie das Lachen eine tiefgründige, heilbringende Erscheinung ist.

Das erbauendste, tief in die Seele eindringende Lachen ist jenes der Kleinkinder. Die Unschuld in diesem Lachen rührt wohl daher, daß die Klinge des Verstandes noch ungeschärft ist und ihr Lachen den Quellen des Seelenbewußtseins entspringt. Die kleinen Kinder kennen weder das Auslachen noch jenes Lachen, mit dem man egoistisch etwas erreichen will. Ihr Lachen ist ein reiner Ausdruck der Seele, und es sprudelt direkt in die Herzen der Menschen. Die Wirkung eines kindlichen Lachens auf Erwachsene ist eine wohltuende Schwingung, die einer tragenden Stütze gleicht. Sind beispielsweise Eltern traurig, nimmt das Kleinkind diese

Schwingungen intuitiv wahr, und sein Seelenbewußtsein versucht, über den Ausdruck eines Lächelns die Traurigkeit zu mildern und tragbarer zu
machen.

Da sich ein Kleinkind nicht wehren kann, ist sein
Lächeln empfindungsmäßig auch ein Schutz. Wenn
es lächelt, manchmal ohne für uns ersichtlichen
Grund, fühlt es sich in diesem Schutzschwingungs-
feld geborgen. Durch sein Lachen läßt es uns erkennen, daß es sich intuitiv dem Kern der elterlichen
und menschlichen Liebe bewußt ist. Es drückt auch
eine Art Forderung aus, die heranwachsende Persönlichkeit zu achten. Das Lachen des Kleinkindes
fließt als warme Schwingung durch seine Poren, und
diese Ausstrahlung der Liebe und Wärme nehmen
wir Erwachsene beim Anfassen des Kindes in uns auf.
Wann immer wir Gelegenheit haben, sollten wir ein
kleines Kind in unsere Arme nehmen, denn von ihm
können wir lernen, die Schleusen unserer Seele zu
öffnen und aus dieser Liebe heraus zu lächeln.

Wir sollten uns niemals erlauben, gedankenlos
oder aus Schadenfreude über andere zu lachen. Hä-
misches Lachen drückt die Schattenseiten des Menschen aus. Es legt die eigene Unzulänglichkeit an
den Tag. Menschen mit höherentwickeltem Bewußtsein empfinden das sofort, und sie distanzieren
sich von solchen Schwingungsausbrüchen. Solch
krankhaftes Lachen ist in seiner Schwingungsstruk-
tur wie eine stinkende Kloake. Wer immer in sie eintaucht, vergiftet seinen Körper und seine Seele. Es
ist weniger schlimm, wenn hin und wieder durch
Schimpfen die Zügel reißen, als wenn man sich im
Sumpf eines frevelhaften Lachens verschmutzt.

Es gibt Menschen, die dazu neigen, in böswilliger Weise sich ständig über andere lustig zu machen und sie auszulachen. Diese schlechte Eigenschaft ist wie eine Erkrankung und fördert die Entwicklung der niederen menschlichen Triebe. Der reine gute Kern in ihnen ist dann ständig diesen Zwängen und diesen seelisch krankmachenden Energieströmen ausgesetzt. Wie Habsüchtige suchen sie nach Opfern, um ihre Gier zu befriedigen und um diese Triebe zu erhalten. Begegnen wir solchen Menschen, sollten wir sie stets in Licht und Liebe einhüllen, uns aber von ihnen entfernen. Wir sehen, daß auch in den Eigenschaften des Lachens die Polarität zum Ausdruck kommt: der aktiv aufbauende Pol als heilbringende Energie für Leib und Seele, der passiv zersetzende als Lieblosigkeit und destruktive Kraft.

Wir sollten uns täglich einmal vor einen Spiegel stellen, uns selbst in die Augen schauen und die kleinen Pünktchen wahrnehmen, die in den Augen glühen, wenn langsam die Kraft des Lächelns durch uns hindurchfließt. Wenn wir uns angewöhnen, uns lachend im Spiegel zu betrachten, lernen wir, unserem Ich-Bewußtsein beizubringen, daß die Grenzen seines Verstandes durch die Kraft des Lachens vibrieren und durchlässiger werden. Im Lachen lernen wir auch, uns dem »Du«- und »Wir«-Kanal zu öffnen.

Wenn ich durch die Natur gehe und die Schöpferkraft aufnehme, die aus ihr meinem Wesen zufließt, empfinde ich die Kraft der Freude. Sie beflügelt mich so sehr, daß ich plötzlich aus Dankbarkeit lachen kann, und ich spüre das Lachen als Energie in meinem Körper, die als Strom der Kraft in mein Gemüt fließt. Heben wir also unseren Kopf dem Horizont entgegen und atmen wir die Schönheiten der Natur ein, die die gleichen Kräfte besitzen wie unser Lachen! Atmen wir also das Lachen des Universums ein und schließen uns dadurch allem Geschehen an, das uns trägt, uns liebt und uns entgegenlacht. Fügen wir uns hin und wieder in den Kreis ehrlich lachender Menschen ein! Für unser tägliches Leben und für die Gesundheit von Körper und Seele ist es wichtig, einzutauchen in diese Schwingungen des Gemüts und die prickelnde Lebenskraft in sich zu spüren: Es ist, wie wenn die Sonne unseren Körper erwärmt und Wind uns sanft durchs Haar streicht.

Meditation in der Gruppe

Wenn Menschen in der Gruppe meditieren, zum Beispiel im Rahmen eines Meditationskurses, verbinden sich die Auren aller Anwesenden zu einem Kraftfeld, dessen Farben und Schwingungen zusammenfließen. Die Teilnehmer der Gruppe profitieren von diesen Energien und können leichter entspannen. Der Raum wird elektrisch aufgeladen, was die Schüler von Anfang an als wohltuend im ganzen Körper empfinden. Die Versenkung ist schneller herbeizuführen, und die individuelle Medialität entwickelt sich leichter in der Gruppe. Auch können die Schüler durch die Erlebnisse der anderen Teilnehmer viel lernen, was mithilft, die Verstandesblockaden in ganz natürlicher Weise zu überwinden.

Da die feinstofflichen Helfer aller Beteiligten gleichzeitig im Raum anwesend sind, baut sich ein so starkes Schwingungsfeld auf, daß dieses auch von den Anfängern empfunden wird. Selbst wenn sie nach einer gewissen Zeit im Gegensatz zu anderen Schülern ihre verstandesmäßigen Gedanken noch nicht loslassen können, wird ihre körperliche Unruhe durch das starke Schwingungsfeld der Helfer aufgelöst, so daß sie die Schwingungen auch in ihrem gewohnten Bewußtsein wahrnehmen.

Ein Vorteil der Gruppenmeditation ist die erleichterte Disziplin. In den Anfängen ist es gut, wenn man zu einer Gruppe gehört, die an einem bestimmten Tag der Woche zusammentrifft. Menschen mit Hemmungen finden einen besseren Zugang zu der Meditation, wenn sie sich einer Gruppe anschließen. Die eigene Ungeduld kommt erst gar nicht zum Ausbruch. Man ist getragen, verstanden und in der Gruppe aufgehoben.

Die Fortschritte in der Meditation zeigen sich den Gruppenteilnehmern sehr schnell, da das aufgebaute Energiefeld die Chakras zu intensiver Ausdehnung anregt. Damit eine Gruppe optimal vorankommt, sollten die Schüler vom Meditationslehrer richtig zusammengestellt werden. Es ist von Vorteil, wenn die Gruppe nicht mehr als 15 bis 20 Schüler pro Klasse aufweist. Wegen der tiefgreifenden Erlebnisse der Schüler ist es wichtig, daß sich der Lehrer nach der Meditation mit jedem einzelnen unterhalten kann. Man sollte einen Schüler nicht mit ungelösten Meditationserlebnissen nach Hause schicken. Natürlich ist es auch ein Vorteil, wenn eine Gruppe über einen gewissen Zeitraum hinweg zusammenbleibt, weil die Schwingungen der Energiezentren und die der gemeinsamen Aura sich im Laufe der Zeit so harmonisieren, daß es sich für die Meditierenden sehr vorteilhaft in allen Übungen auswirkt.

Im Neuen Zeitalter wird es zur Tradition werden, daß die Menschen am Morgen nicht nur frühstücken, sondern meditieren, bevor sie ihrer täglichen Arbeit nachgehen. Sie müssen sich dazu nicht mit anderen treffen, sie können es in ihrer Wohnung tun, jedoch zu einer bestimmten Zeit. Sie werden so weit vorangeschritten sein, daß sie mit geöffneten Augen von einem Bewußtseinszustand in einen anderen mühelos hineingleiten. Ihre richtige Atmung wird diesen Vorgang regeln. Es wird ihnen bewußt sein, daß Meditation ihre geistige Aktivität und Entwicklung steigert.

Der energetische Zusammenschluß vieler Meditierender in einer Stadt baut ein derart starkes Schwingungsfeld auf, daß sich mutwillige, böse Menschen, Verbrecher oder Kriminelle in ihr nicht mehr wohl fühlen. Sie werden wie von unsichtbarer Hand aus diesen Regionen ferngehalten. Die Menschen des Neuen Zeitalters werden sich kaum mehr hinter Mauern und Sicherungsanlagen verstecken müssen. Ein nicht so weit entwickelter Mensch wird bei Begegnungen mit Menschen des Neuen Zeitalters das eigenartige Gefühl haben, der Sonne zu nahe getreten zu sein.

Die Strahlkraft dieser Menschen wird sich auf die ganze Natur auswirken. In diesem Neuen Zeitalter werden auch Meditationen über die Landesgrenzen hinaus stattfinden. So wie wir uns heute Kriminalfilme anschauen, werden die Menschen der Zukunft von den Medien über die Meditationen und geistigen Entwicklungen informiert und geschult. Da die Gedanken aller Menschen als unbeschreiblich starkes Energiefeld im Kosmos und in anderen Welten und Dimensionen in für uns unvorstellbarer Weise auf alles Existierende einwirken, wird die Umpolung von vielen Menschen unseres Planeten körperlich nicht mehr verkraftet werden. Eine große Reinigung wird stattfinden, die wir jedoch nicht mit Angst, sondern mit Freude und Hoffnung jetzt schon gefühlsmäßig mit Dankbarkeit aufnehmen sollten.

Das Wissen um die verschiedenen Lebensformen wird sich bei uns Menschen in der Vorbereitungszeit von Jahr zu Jahr verstärken. Die Zeichen unserer Zeit bezeugen für jeden, der auch nur einen kleinen Weitblick hat, daß die Zeitwende nicht aufzuhalten ist. Viele Menschen von heute, die immer mehr aus dem Rahmen unserer gesellschaftlichen Normen herausfallen, solche Rahmen teilweise sprengen, werden von Unwissenden vorläufig noch öffentlich kritisiert und möglichst klein gemacht. Doch mit jeder Sekunde rücken wir dem Tag näher, wo der gedankliche Polsprung stattfinden wird.

Die verstandesmäßigen Festlegungen unserer heutigen Zeit, die das Weltbild noch ausmachen, werden durch die schöpferische Kraft neuer Gedanken aus den Angeln gehoben. Auch wenn wir uns das nicht vorstellen können, wenn Zweifel, Be- und Verurteilungen uns noch plagen, werden wir uns dann viel glücklicher fühlen.

Die Elemente

Mit Hilfe der Elemente-Meditationen können wir Charaktereigenschaften und gewisse Disharmonien in den Organen korrigieren. Ich will deshalb hier auf die Bedeutung der Elemente Feuer, Luft, Wasser und Erde eingehen.

Im Kapitel über den Atem waren wir uns bewußt geworden, daß sich im Grunde genommen alles im gesamten Universum aus dem Atem Gottes, dem feinsten Äther, und den vier Elementen zusammensetzt. Die Elemente durchströmen als feinste kosmische Energien auch das menschliche Wesen, und der Körper des Menschen ist von den Gesetzmäßigkeiten der Elemente bestimmt.

Die Füße, die Beine, die Geschlechtsorgane und der Beckenraum bis hinauf zum Steißbein sowie das Wurzelchakra sind dem Element der Erde zugeordnet. Der Bauch und seine inneren Organe bis hoch zum Zwerchfell, die Leber, die Milz, die Därme und das Sonnengeflecht werden vom Wasserelement bestimmt. Der Brustkorb, das Herz und die Lunge bis zum Hals sowie Herzchakra, Hals- und Genickchakra entsprechen dem Luftelement. Der Kopf mit allen Organen, dem Gehirn und den vier Sinnen Sehen, Hören, Riechen und Schmecken sowie Stirn- und Scheitelchakra stehen für das Feuerelement im Menschen. Jedes Element ist in den bezeichneten

Organbereichen vorherrschend, durchströmt aber den ganzen menschlichen Körper. In ihm ist das Feuerelement das aufbauende und drückt den menschlichen Willen aus. Das Wasserelement ist das belebende und bestimmt die menschlichen Gefühle. Das Luftelement ist das ausgleichende und steht für den Intellekt. Das Erdelement bewirkt Wachsen und Gedeihen und ist zugleich das erhaltende Prinzip. Es verbindet Wille, Verstand und Gefühl. Je nach Kraft der Elemente drücken sich Wille, Verstand und Gefühl im Ich-Bewußtsein aus und werden die Charaktereigenschaften geprägt. Auch die Elemente enthalten in der positiven Form das Gute, in der negativen alles, was wir noch zu überwinden haben, also unsere Fehler und Schwächen. Neigt beispielsweise ein Mensch zu unkontrollierten, zornigen Ausbrüchen, ist das Feuerelement in seiner negativen Form aktiv. Bei übermäßiger Müdigkeit überwiegt das Erdelement, bei Depressionen das Wasserelement, bei Unrast und ständiger Unzufriedenheit das Luftelement.

Die Elemente Wasser und Erde sind in ihrer Aufladung magnetisch, das heißt anziehend, die Elemente Luft und Feuer hingegen elektrisch, das heißt abstoßend. Dadurch entstehen im menschlichen Körper die elektrischen und magnetischen Felder.

Vor allem kranke Menschen sollten häufig Elemente-Meditationen ausüben. Sie könnten die körpereigenen Abwehrkräfte stärken und die Behandlung des Arztes positiv unterstützen. Häufig entwickeln Patienten eine Abwehrhaltung gegen Medikamente, weil sie sich ihnen hilflos ausgeliefert fühlen. Und oft bin ich gefragt worden, was sie denn selbst tun können zur Verbesserung ihrer Situation. Ich rate ihnen dann zu den Elemente-Meditationen. Wenn ein Patient die Medikamente im Bewußtsein innerer Harmonie einnimmt, treten viele Nebenwirkungen gar nicht erst in Erscheinung. Es ist von Vorteil, Übungen mit dem Erd- oder Wasserelement an den Anfang zu stellen.

Vor Jahren befand ich mich in einer schweren Lebenskrise. Ich konnte einer inneren Traurigkeit kaum mehr Herr werden, und unaufhaltsam breitete sich Melancholie in mir aus. Obwohl ich die Lösung meines damaligen Problems erkannte, hatte ich alle Mühe, nicht in Depressionen zu verfallen. Ich darf sagen, daß ich mein seelisches Gleichgewicht nur dank der täglich ausgeführten Meditation wiederherstellen konnte. Mir wurde bewußt, daß eine Funktionsstörung meines Wasserelementes verhinderte, mein seelisches Gleichgewicht zu stabilisieren. Das Wasserelement bewirkt, wenn es in seiner negativen Form zu stark ist, eine Über- oder Unterfunktion der Organe und kann Störungen bis ins Seelische hinein auslösen. Ängste und Unsicherheiten, die Begleiterscheinungen meiner damaligen Entwicklung, verhinderten einen normalen Energieaustausch der Elemente untereinander, was schließlich zu dieser Überfunktion des Wasserelementes führte. In dieser Zeit litt ich auch unter ständigen Bauchschmerzen und Blähungen. Natürlich will ich nicht die Behauptung aufstellen, daß alle Körperfunktionsstörungen auf eine Disharmonie der Elemente-Schwingungen zurückzuführen sind, aber in vielen Fällen, besonders auch bei psychosomatisch bedingten Krankheiten, spielen solche Störungen eine wesentlich größere Rolle, als bis heute allgemein angenommen wird.

Als ich noch Hellsehsitzungen gab, suchte mich eines Tages ein Mann auf. Seine Wangen waren eingefallen, und schwarze Ringe unter den Augen ließen ihn krank aussehen. Ich kannte nur seinen Namen, sonst wußte ich nichts von ihm. Ich versenkte mich in den trance-ähnlichen Zustand und sah, daß er seit Jahren schon unter einer so schrecklichen Abgespanntheit und Müdigkeit litt, daß er arbeitsunfähig geworden war. Er hatte sich von Arzt zu Arzt geschleppt, doch niemand konnte ihm helfen. Ich sah, daß sein Sonnengeflecht total verkrampft war und im Bereich seiner Verdauung ein natürlicher Energieaustausch zwischen dem Wasserelement in seinem Körper und dem kosmischen unmöglich war. Er bestätigte mir, als ich ihm dies erzählte, daß er gezwungen sei, jeden zweiten Tag Abführmittel einzunehmen. Dann sah ich aber auch noch, daß die Energieströme des Erdelementes sich nur noch vermindert in den Körper entluden. Obwohl er die Bedeutung und die Funktion der Elemente nicht verstand, befolgte er meinen Rat, in täglichen Meditationen diese Störungen zu beheben. Ich versicherte ihm auch, daß er sich selber heilen könne. Genauso geschah es auch. Nach vier Monaten stand er gesund und strahlend vor mir. Ich bin überzeugt, daß viele Menschen sich selbst helfen könnten, wenn sie sich bemühen würden, die eigenen feinstofflichen Bereiche kennenzulernen.

Die Tiere

Wie im Kapitel über den Atem ausgeführt, stellt alles Existierende unterschiedliche Verdichtung des Geistes Gottes dar. Deshalb erstreckt sich das Gebot »Liebe deinen Nächsten« auch auf die Tiere und die Pflanzen. Sie alle tragen das Göttliche in sich, wenn auch auf verschiedene Weise. Doch der göttliche Funke, der allem innewohnt, ist in seinem Wesen stets derselbe.

Auch die Tiere erfüllen eine wichtige Aufgabe. Sie leben ähnlich wie die Pflanzen- und die Mineralwelt nur aus dem Gedanken Gottes heraus. Sie dulden, wenn geduldet werden muß, sie leiden, wenn gelitten werden muß. Die Tiere sind reine Wesen und werden, so lange die Entwicklung des Menschen besteht, sich in ihrer Struktur ihm anpassen. Wenn Tiere sterben, leben sie in astralen Sphären weiter, laden sich dort mit Kraft und mit den ihnen angestammten Verhaltensweisen auf und kehren gestärkt im Dienste an Gott und Mensch wieder auf die Erde zurück. Das Bewußtsein der Tiere bildet bis zur dritten Astralsphäre und über alle Planeten hinweg, in denen sich Leben entwickelt, eine Energie, die die Ströme des Leidens auffängt. Das Bewußtsein der Tiere ist ein wichtiger kosmischer Schutzmantel, welcher verhindert, daß die gewaltigen Energien der Leiden in falsche Sphären fließen. Es gibt eine natürliche schwingungsmäßige Seelenausstrahlung unter den Tieren, die ihnen die Kraft verleiht, ihren von Gott gegebenen Auftrag zu erfüllen.

Der Grundgedanke Gottes, der das Bewußtsein des Tieres prägt, ist ein anderer als beim Menschen. Der Mensch verbindet sich im Laufe seiner Leben karmisch immer wieder mit Menschen. Sie sind untereinander Stufen, die zur Weiterentwicklung dienen. Beim Tier ist das nicht so. Wohl hat das Tier eine Seele, aber nicht wie der Mensch. Vielmehr bilden die Bewußtsein der Tiere jeweils eine Gruppenseele. Die Tiere untereinander haben sich nicht in der gleichen Verantwortung zu entwickeln wie wir Menschen. Ein Tier ist nicht für ein anderes verantwortlich, wie wir Menschen für andere Menschen mitverantwortlich sind. Die Verantwortlichkeit der Tiere ist meistens auf den Familienverband ausgerichtet und nur in ganz seltenen Fällen darüber hinaus.

Immer wieder entsetzen sich Menschen, wenn ein größeres Tier ein kleineres reißt. Doch dieses Verhalten ist im inneren Programm des Tieres als Grundmuster so vorhanden, daß es dieses Geschehen als etwas Natürliches empfindet. In dem Moment, wo ein Tier von einem anderen angefallen wird und es in sich die Gewißheit spürt – und das Tier spürt sie tatsächlich –, daß sein Leben damit ein Ende hat, werden Hormone in den Körper des Tieres ausgeschüttet, die eine sofortige Veränderung des Schmerzempfindens auslösen. Das Tier wehrt sich zwar in einem solchen Moment unbewußt über die Reflexe, weil dies dem Instinkt eingeprägt ist, spürt aber den Schmerz nicht, wie er oft von uns Menschen empfunden und dargestellt wird. Das Tier selbst kann sich in einem solchen Moment schützen. Was wir Menschen als Grausamkeit unter Tieren bezeichnen, existiert im Bewußtsein, im natürlichen Programm der Tiere nicht, weder beim jagenden noch beim gejagten.

Wahrscheinlich leiden die Tiere unter viel größerer Angst, wenn der Mensch ihnen Schmerz zufügt. Denn das Seelenbewußtsein des Tieres ist so angelegt, daß es dem Menschen nützen, dienen und in Freundschaft begegnen will. Natürlich gilt dies nicht für die Tiere, die in der Wildnis leben. Wenn Menschen Tiere quälen und unnütze Tierversuche ausführen, laden sie eine sehr große Schuld auf sich, die sie dann in späteren Leben wieder auszugleichen haben, zum Beispiel durch Pflege von Tieren. Wenn ein Mensch viele Tiere gequält hat, kann es schon einmal vorkommen, daß er in einer späteren Inkarnation durch den Angriff eines Tieres sein Leben lassen muß.

Im kommenden Neuen Zeitalter wird es keine Tierversuche mehr geben, weil das Bewußtsein der Menschen dann so weit entwickelt ist, daß viele verborgene geistige Gesetze als Quellen der Information zur Verfügung stehen. Dann wird es zur Erziehung und zum täglichen Leben gehören, daß sich Menschen von Kindheit an in der Meditation üben und sich dadurch Zugang verschaffen zu neuen Dimensionen des Wissens, ohne daß die Natur oder die Tierwelt darunter zu leiden hätten. Die Unruhe der heutigen Gesellschaft, die Unzufriedenheiten, die Ängste und Unsicherheiten sind Vorboten und tragen dazu bei, daß die Menschen sich einst in diesem Bewußtsein der Neuen Zeit zu Hause fühlen werden. Ich glaube, daß viele der heute lebenden Menschen durch Katastrophen und andere Einflüsse über die Schwelle der Erde treten werden. Da sie sich in der Vorbereitungszeit für das Neue Zeitalter befunden haben, werden sie sehr schnell wieder inkarnieren und als Lehrer auf die Erde zurückkehren.

Wenn ein Tier getötet werden muß, sollten wir mit diesem Tier vorher in Liebe sprechen und ihm erklären, was jetzt aus Gründen – wie immer sie sein mögen – geschehen muß. Ein solches Verhalten dem Tier gegenüber wäre im Sinne des Geistes Gottes. Wenn beispielsweise ein Mensch krank oder traurig ist, nehmen die Tiere, und zwar nicht nur der Hund, auch die Katze, die Pferde, die Schafe, die Schwingungen des Meisters auf. Muß ein solches Tier, das sich einem Menschen anvertraut hat, für irgendwelche Zwecke, die der Menschheit dienen, benutzt werden, können wir dies dem Tier mit Worten schwingungsmäßig vermitteln, und es kann dies dem ihm eingegebenen Programm gemäß verstehen. Durch dieses höhere Verantwortungsbewußtsein dem Tier gegenüber kann der Mensch die Schuld an den Tieren verringern oder sogar auflösen.

Auch die Tiere haben ein Unterbewußtsein. Seine Funktion ist allerdings verschieden von der des menschlichen Unterbewußtseins. Ein Hund hat als Unterbewußtsein das Programm aller Hunde, also vom kleinsten bis zum größten, in sich. Sein Unterbewußtsein kennt alle Verhaltensweisen dieser Tiergruppe. Auch die negativen Erfahrungen mit anderen Tieren und mit Menschen sind als Verhaltensprogramm in seinem Unterbewußtsein vorhanden.

190

Meditation und Toleranz

Würde die Meditation in allen Religionsgemein-schaften ausgeübt, wäre sie die geistige Kraft, die die Grenzen zwischen den Menschen verschiedener Religionen zu gegenseitigen Durchgangspforten machen könnte. Die Meditation ist das Gebet der Seele, das alle Grenzen des Verstandes und der Menschen untereinander mit Leichtigkeit überwin-det. Meditation ist auch die Übung der Toleranz, die Lehrerin, die durch die schöpferische Macht der Gedanken die trennenden Grenzen aufhebt.

Die einzige der Seele entspringende Wahrheit, die alle Religionen gemeinsam haben, ist der Ge-danke und der Glaube an die Erlösung. Würde das Gebot der Nächstenliebe wirklich verstanden, müßte es eigentlich die Grenzen und Blockaden zwischen den Religionen auflösen. Würde man an-stelle des Wortes Religion das Wort Toleranz setzen, käme dies der wirklichen Bedeutung aller Religionen sicherlich zugute. Solange wir Menschen nicht hin-finden zur brüderlichen Nächstenliebe, werden auch die Religionen mit ihren Geboten und Dogmen nur dazu beitragen, die Ängste der Menschen und ihren jeweiligen Machtwillen zu verstärken. Wenn wir doch nur begreifen würden, daß die unter-schiedlichen Religionen verschiedenartige Bewußt-sein und Wege darstellen, die alle zu demselben

Ziel hinführen! Dann würde die gegenseitige Toleranz sich wie eine heilbringende Energie über die Welt ergießen. Sie allein ist die Brücke, die uns an das Ufer der brüderlichen und schwesterlichen Liebe führt.

Die Verwurzelung aller Religionen liegt in Gott, aber die unterschiedlichen Entwicklungen des menschlichen freien Willens haben Gott beliebig für einzelne Religionsgemeinschaften in Anspruch genommen. Wir haben Gott mit verstandesmäßigen Worten mißbraucht, ihn an die Spitze unserer Machtgelüste, unserer Rechte und Gesetze gestellt. Gott ist unteilbar, einzig und ewig. Wer kann das von sich als Mensch behaupten? Und dennoch nehmen wir uns das Recht, mit religiöser Argumentation aus der einen Ewigkeit Ewigkeiten zu machen.

Wie können wir je Gott lieben, wenn wir nicht begreifen, daß wir zuerst lernen müssen, unseren Nächsten zu lieben? Obwohl dies das Grundgebot der Religionen darstellt, scheitern wir an unserem Ego.

Die inhaltsreiche Lehre einer Religion stellt ein höher entwickeltes Bewußtsein dar, das dem allmächtigen Vater, dessen Kinder wir alle sind, angeschlossen ist. Dieses Bewußtsein gleicht einer breiten Straße, über die Menschen im Laufe ihrer Entwicklung zu ihrem Ursprung zurückgeführt werden. Die Weltreligionen sind also wie Straßen, die ein einziges Ziel haben. Der freie Wille gewährt uns die freie Auswahl des Weges, der uns im Laufe der Leben zum Ziel hinführen wird. Wir wählen nicht immer denselben Weg, das heißt dieselbe Religion, weil wir in den feinstofflichen Stationen unserer Entwicklung ohne das Verstandesbewußtsein erkennen, daß jede Religion eine gewisse Lernmöglichkeit darstellt.

Die religiösen Fäden der Geschichte sind miteinander so verwoben, daß das Grundmuster vom menschlichen Verstandesbewußtsein unerkannt bleibt, obwohl alle das Gesetz der Nächstenliebe verkünden. Da die verschiedenen Religionen Entwicklungsprozesse sind, ist es falsch, Menschen von einer Religion zu einer anderen bekehren zu wollen. Welch ein Irrsinn zu glauben, daß nur eine Religion für alle Menschen richtig sein müsse! Wer außer Gott könnte je einen Menschen bekehren? Welchen Stellenwert messen wir uns als Mensch im Verhältnis zu Gott denn zu? Sind wir nicht einfach nur gelehrt worden, unseren Nächsten zu lieben und ihm Gutes zu tun? Sind wir tatsächlich in unserer Entwicklung nicht weiter vorangekommen, als wir es vor bald zweitausend Jahren waren? Was trennt uns voneinander? Die Intoleranz allein! In ihrem Zentrum steht unser kleines Ich anstelle des Gebots der Liebe.

So unwahrscheinlich es auch klingen mag: Die Religionen sind menschentrennende Mächte. Oft ist ihr Nährboden Angst, die sie Gott fürchten anstatt lieben lehrt, und die sie in die Entzweiung anstatt zur Vereinigung führt. Alle Religionen tragen aber in ihrem Kern Gott, Gott als die Liebe, das einzige ewige Band der Vereinigung, Hoffnung und Zuversicht.

Der Mensch kann ohne Gesetz nicht leben, und die Gesetze der Religionen sind genauso wie die Zeitmaßstäbe. Ihre Richtlinien sollten wir nicht als das Absolute betrachten, sondern wir können vielmehr durch die Religionen lernen, Gott höher zu stellen als diese Richtlinien. Dann erst verachten wir nicht Andersdenkende, sondern achten und respektieren wir die von ihnen getroffene Wahl des Weges und verstehen, was Freiheit bedeutet. Gott so lieben zu können, wie wir fähig sind, und nicht, wie es uns vorgeschrieben wird, würde den Menschen die Ängste nehmen, ohne Gehorsam gegenüber einer Religion Verstoßene zu sein. Dann könnte aus allen Religionen eine einzige werden, eine Weltreligion, und das Gebot der Toleranz und der Liebe würde sich wie eine heilbringende Botschaft in die Seelen der Menschen senken.

Wenn wir ehrlich mit uns selbst sind, finden wir in unserer Seele die Wahrheit, daß es weder Heiden, Atheisten, Christen, Buddhisten und so fort geben kann, sondern nur Kinder des einen Vaters, Kinder Gottes. Die verschiedenartigen Bezeichnungen sind Wege, Produkte unseres abgefallenen, eigenständigen Bewußtseins. In vielen Fällen heißt Glauben im Grunde genommen, sich über etwas nicht ganz sicher sein. Solcher Art Glaube unterscheidet sich von dem Wissen der Seele, von Gott in uns. Religionen sind Glaubenswege, die uns zum Wissen führen können. Tolerant sein bedeutet, die vielfältigen Glaubensformen in unserem Inneren so zu bewegen, bis wir sie als einen Teil unseres Selbst verstehen. »Ich liebe meinen Nächsten so, wie ich Gott liebe« würde alle Religionsschranken brechen und uns in das hineinführen, was wir als Menschen gemeinsam haben: das Sehnen nach Gott.

Die sieben Stufen der Meditation

Man kann den langen Weg, den der Mensch über viele irdische und astrale Daseinsformen zu bewältigen hat, in sieben Entwicklungsphasen einteilen.

In der ersten Wegstrecke lernt der Meditierende, alles von Gott Erschaffene, die Natur, die Mineralien, die Pflanzen, die Tiere und die Menschen zu respektieren und zu lieben. Er erarbeitet sich auch die Tugenden der Beharrlichkeit und Ausdauer, der Demut und Geduld. Er strebt ein Leben der Hilfsbereitschaft an und übt sich in der allumfassenden Liebe, die das Fundament für alle Entwicklungen ist und in jeder weiteren Stufe verstärkt wird. Er lernt, die materiellen Wünsche zurückzustellen und richtet sein Streben auf geistige Werte.

In der zweiten Stufe gehört die Meditation zu seinem täglichen Leben. Dadurch nimmt er Kontakt auf zu seinem Seelenbewußtsein. Er versinkt in seinen meditativen Übungen in die eigene Mitte und versucht aus ihr heraus, sein Leben im Gleichgewicht zwischen den seelischen und den materiellen Bedürfnissen zu gestalten. Er nimmt alles, was das Leben ausmacht, bewußt wahr, und sein Herz erfreut sich auch an den kleinsten Dingen. Die Achtung vor dem Leben und allem Erschaffenen erfüllt den Meditierenden jetzt mit immer größerer Ehrfurcht. Die Sehnsucht nach mehr Wissen wird zu seiner Antriebskraft. Er sieht sich objektiv mit den guten und weniger guten Eigenschaften, ohne sich zu verurteilen, und lernt, aus dem höheren Seelenbewußtsein heraus seine Fehler zu korrigieren.

Auf der dritten Stufe erkennt er seine im Sinne des geistigen Gesetzes zu erfüllenden Aufgaben. Er lernt zu unterscheiden, was für seine Entwicklung wichtig ist, und er trennt die Spreu vom Weizen. Er verliert sich nicht mehr in Halbheiten, weil er sich seiner Zeit immer mehr bewußt wird. Das Verantwortungsbewußtsein bestimmt sein Denken und Handeln. Er sucht die Wahrheit nicht mehr außerhalb von sich, sondern in seinem Innern.

Auf der vierten Stufe lösen sich alle Zwänge auf, er überwindet sein Ego und die Äußerlichkeiten dieser Welt. Er erkennt seine Multidimensionalität und wird fähig, aus ihr heraus zu leben. Gelassenheit, Ruhe, Liebe und Harmonie werden zu den bestimmenden Faktoren seines Lebens.

Die fünfte Stufe ist die der Erleuchtung. Hier erblickt der Meditierende alle Wirklichkeiten. Er findet Zugang zu seiner geistigen Führung und ist fähig, sich von ihr ohne die Zwänge des Verstandes leiten zu lassen. Seine Gottesbeziehung vertieft sich mehr und mehr, und es gelingt ihm, die Aufgaben seines Lebens in Dankbarkeit und Liebe zu erfüllen.

Die sechste Stufe ist die der Verschmelzung. In seiner Seele erlebt er die Gegenwart Gottes. Er ist mit Gott so sehr eins, daß er nur noch aus ihm wirkt und lebt. Die göttlichen Eigenschaften werden ihm zu eigen, und er lebt nur noch aus dem geistigen Willen. Er handelt ausschließlich nach dem geistigen Gesetz. Sein Tagesbewußtsein und sein höheres

Bewußtsein sind zu einer Einheit geworden. Er ist jetzt ganz Kanal für die göttlichen Energien. In allen Äußerungen drückt sich seine Hellsichtigkeit aus. Er kann heilen, er versteht die Sprache der Tiere und Pflanzen. Er beherrscht die Elemente, er kann also einem Sturm Einhalt gebieten, über das Wasser gehen, mit seinem aktivierten Feuerelement eine Kerze anzünden, einen Raum erleuchten und im wahrsten Sinne des Wortes Berge versetzen.

Die letzte und siebte Stufe ist die der Vereinigung mit Gott. In dieser Bewußtseinserweiterung haben sich alle Lernprozesse der irdischen Welt und aller feinstofflichen Dimensionen endgültig aufgelöst. Ein solcher Mensch geht ein in die Seligkeit, in das All-Ein-Sein. Er kehrt zurück zu seinem Ursprung.

Teil II

Vorbemerkungen zu den Übungen

Ich gebe hier einige Hinweise, die für jede Form der Meditation gelten und die ich bei der Beschreibung der einzelnen Übungen in der Regel nicht mehr gesondert aufführe.

1. Vergewissern Sie sich, daß Sie während der geplanten Übung nicht gestört werden, sei es durch Personen im Haus, die Türklingel, das Telefon, den Alarm eines Weckers, die Automatik eines elektrischen Gerätes oder durch ein Tier. Die Befürchtungen beispielsweise, es könnte klingeln, verhindern jede wirkliche Entspannung. Gewisse akustische Einwirkungen sind nicht vermeidbar, wie zum Beispiel Flugzeuglärm. Um gegen solche Geräusche immun zu werden, sollten Sie sich zu Beginn jeder Übung mit Hilfe der Suggestionskraft eingeben, daß jeder äußere Laut nur bewirken wird, daß Sie tiefer in die Entspannung hineingleiten. Tritt ein störendes Geräusch auf, lassen Sie es durch sich hindurchfließen, lösen Sie es mit dem nächsten Ausatmen auf und empfinden Sie, wie Sie sich noch tiefer versenken.

2. Stellen Sie eine leise und Sie beruhigende Musik an. Sie sollte Ihnen aber nicht wie ein aufdring-

licher Ohrwurm zusetzen, sondern in zurück-
haltendem Ton schwingen.

3. Dunkeln Sie den Raum etwas ab. Es sollte kein
grelles Licht mehr einfallen, das Sie bei geschlossenen Augenlidern noch wahrnehmen.
Sie sollten, wenn eben möglich, immer denselben Raum benutzen. Durch die Meditationen
lädt er sich mit Schwingungen auf, und es entsteht in ihm eine wohltuende Atmosphäre.

4. Wollen Sie mit einem bestimmten Objekt meditieren, zum Beispiel einer Blume, einem farbigen Papier, einer Uhr, so stellen Sie dieses bereit. Eine Kerze sollte möglichst während jeder
Übung brennen.

5. Schließen Sie während der Meditation die Augen,
sofern Sie sich nicht bei bestimmten Übungen auf
ein Sinnesobjekt konzentrieren. Einen Meditationstext können Sie sich auch selbst auf ein Ton-
band sprechen und in der Übung abhören.

6. Wählen Sie einen Stuhl, auf dem Sie locker und
bequem sitzen, und der eine Höhe hat, daß Ihre
Oberschenkel sich zu den Knien hin ein wenig
absenken. Der Lotus-Sitz hat in bestimmten
Kulturen zweifellos eine geistige Auswirkung.
Sie sollten ihn jedoch nicht erzwingen, es sei
denn, Sie empfinden in Ihrem Inneren den
Wunsch, diese Sitzweise zu erlernen. Bewußt
ausgeführte Meditationen sollten jedoch nicht
im Liegen, sondern immer im Sitzen vorge-

202

nommen werden; weil dem Körper im Liegen eine sehr große Disziplin abverlangt wird, soll er nicht ungewollt einschlafen.

Halten Sie bei allen Übungen im Sitzen den Rücken gerade, ohne sich zu verkrampfen und die Schultern nach hinten oder verspannt nach oben zu ziehen. Lassen Sie die Schultern ganz locker herunter. Stellen Sie sich die Wirbelsäule als einen geraden Baumstamm vor, der vom Genick über das Wurzelzentrum bis zum Erdmittelpunkt reicht. Wenn Sie sich setzen, lassen Sie sich in den Bauchraum nieder, nicht in das Becken. Halten Sie die Hände locker auf den Oberschenkeln, möglichst mit der Innenfläche nach oben gerichtet – wie um alles Gute zu empfangen. Die Füße sollten Sie nicht überkreuzen.

7. Atmen Sie gleichmäßig ruhig und tief, bis Sie spüren, daß sich der Körper langsam entspannt. Dann gehen Sie zu Ihrem normalen Atemrhythmus über. Sollten Sie im Laufe der Übung plötzlich körperliche Verspannungen verspüren, können Sie diese mit einigen tiefen Atemzügen wieder auflösen.

8. Jedem Leser möchte ich ganz dringend ans Herz legen, bei der Konzentrations- oder Meditationsübung ein geistiges Energiefeld um sich herum aufzubauen. Wenn wir uns vorstellen, daß wir um uns einen Schutzkreis in heller Farbe ziehen, bewirken diese Gedankenenergien, daß alle denkbaren negativen Einflüsse abprallen. Zugleich entsteht in Ihnen ein ver-

stärktes Gefühl der Sicherheit und Geborgenheit, so daß Sie sich leichter entspannen können.

9. Jeder muß selbst die Meditations-Zeit passend
   zu seinem individuellen Tagesrhythmus heraus-
   finden. Von Vorteil ist es, wenn der Meditierende
   seine Übung täglich zur gleichen Zeit ausführt.
   Damit die durch die Meditation erweiterten Energiezentren und die vergrößerte Aura sich wieder in ihren normalen Schwingungszustand
   zurückbilden können, sollten Sie, wenn Sie am
   Abend meditieren, nach der Meditation noch eine Stunde aufbleiben.

10. Vergessen Sie nie, sich nach jeder Übung zu
    schließen, wie im Kapitel »Feinstoffliches« be-
    schrieben.

Übung 1

Körperentspannung

Um den Körper zu entspannen, müssen wir gewisse Grundregeln beachten. Wir sollten uns genügend Zeit einräumen und nicht im Hinterkopf haben, was wir anschließend alles noch erledigen wollen. Wir sollten ein inneres Bedürfnis empfinden, uns wirklich zu entspannen.

Dunkeln Sie den Raum etwas ab. Lassen Sie im Hintergrund leise Musik laufen und zünden Sie eine Kerze an. Sitzen Sie locker und bequem auf einem Stuhl. Halten Sie Ihre Hände auf den Oberschenkeln und schließen Sie die Augen. Behalten Sie sie während der ganzen Entspannungsübung geschlossen. Atmen Sie langgezogen einige Male tief ein und aus und denken Sie dabei, wie Sie in ein Meer der Ruhe und Gelassenheit eintauchen. Atmen Sie gedanklich unaufhörlich Ruhe und Gelassenheit ein. Tun Sie dies während einiger Minuten.

Stellen Sie sich vor, daß alle störenden Gedanken zu einem Punkt zusammenfließen und von den Schwingungen der Harmonie aufgefangen werden. Versetzen Sie sich dann gefühlsmäßig in das Bewußtsein Ihrer Beinmuskulatur. Sprechen Sie mehrere Male halblaut: »Meine Beine werden müde und schwer.« Sie sind locker und entspannt, so locker, wie wenn Sie auf einer Mauer sitzen würden und Ihre Beine hängen ließen. Stören Sie sich nicht daran, wenn Ihnen immer wieder Gedanken durch den Kopf gehen. Atmen Sie diese geduldig aus und spüren Sie ein warmes Fließen in der Muskulatur Ihrer Beine. Sagen Sie dem Bewußtsein in ihr, daß es alle Verkrampfungen löst und es die Fähigkeit besitzt, die Beine und Füße immer schwerer werden zu lassen. Atmen Sie nicht zu tief, jedoch ein kleines bißchen tiefer, als Sie es üblicherweise tun. Stellen Sie sich vor, wie das Gefühl dieser angenehmen Entspannung langsam durch Ihren Körper fließt, durch den Bauch und das Gesäß, durch den ganzen Oberkörper, durch Ihre Arme, durch Ihren Kopf.

In Ihrem Unterbewußtsein gibt es eine Kammer, von der aus Schwingungen der Ruhe und Gelassenheit in den Körper fließen. Wenn Sie sich vorstellen, die Tür dieser Kammer zu öffnen und einen Schalthebel betätigen, empfinden Sie diesen Punkt etwas oberhalb Ihres Bauchnabels. Es ist wichtig, immer zuerst das Bewußtsein der Beinmuskulatur liebevoll anzusprechen. Sie können sich auch vorstellen, Ihre Beine in einen großen kühlen Sandhaufen zu stecken. Es bewirkt, daß Sie sich nicht mehr bewegen wollen und leichter in die Körperentspannung hineingleiten. Dann denken Sie, daß Sie die besagte Kammer im Unterbewußtsein öffnen, und stellen sich vor, diesen Schalthebel zu drücken. Wie aus einer Schleuse, die man bewußt öffnet, strömen dann wohltuende, entspannende Energien durch alle Muskeln, Drüsen, Organe, Zellen und die Nervenbahnen entlang. Diese Vorstellung wirkt wie ein geistiges Psychopharmakon, das Sie in allen Schichten entkrampft und körperlich harmonisiert. Sprechen Sie während einiger Minuten halblaut: »Ich entspanne mich mehr und mehr. Ich werde ganz ruhig. Meine körperliche Tätigkeit harmonisiert sich mit jedem Atemzug.«

Spüren Sie Verkrampfungen in einem Körperteil, dann stellen Sie sich vor, daß Energie wie aus einer schmalen Düse ihn lockert. Nehmen Sie in jeder Körperentspannungsübung eine innere Beziehung auf zu allen Ihren Organen. Sie werden im Laufe der Zeit sich nicht nur tiefer entspannen können, sondern auch sich Ihres Seins bewußter werden. Atmen Sie regelmäßig und ruhig, sprechen oder denken Sie: »Mein Körper entspannt sich tiefer und tiefer. Meine Nerven beruhigen sich. Die Muskulatur lockert sich, und die Organe arbeiten optimal.«

Nicht Ihr Verstandeswille entspannt Sie, sondern die Kraft Ihrer Vorstellung. Im Laufe der Zeit fällt Ihnen die Entspannung immer leichter, und Sie werden sogar fähig, nach Belieben auch im Wachbewußtsein zum Beispiel einen Arm schwerer zu empfinden als den anderen. Wichtig ist, sich mit der Entspannungszentrale im Unterbewußtsein zu verbinden, mit ihr Kontakt zu pflegen, sie für seine Leistungen zu loben. Dann wird sie, wann immer Sie es wünschen, in kürzester Zeit gehorsam Ihren Körper zur Ruhe bringen.

Befassen Sie sich möglichst auch während des Tages, also im normalen Wachzustand, hin und wieder mit dieser Zentrale. Sie werden erstaunt sein, wenn Sie diesen Kanal geöffnet haben, wie sich aus ihm Ruhe und Gelassenheit in Ihren Körper und in Ihr Gemüt ergießen. Im Tagesbewußtsein sollten Sie auch Ihren Verstand miteinbeziehen. Sagen Sie zu ihm: »Wir gehen jetzt zusammen in den Ruhepunkt unseres Körpers.« Wenn Sie sich Zeit nehmen und geduldig immer wieder in diesen Punkt hineinsinken, wird sich Ihre Lebenskraft steigern, und Hast, Unruhe, aber auch Schlaflosigkeit werden sich auflösen. Mit dieser Übung lernen Sie sich vollständig zu kontrollieren.

Gedankenkonzentration

Wenn wir uns vergegenwärtigen, was Gedankenenergien bewirken und welche Verantwortung uns
mit der Freiheit zu denken übertragen wurde, erschrecken wir, in welchem Maße unkontrollierte
Gedanken uns beherrschen. Nicht von ungefähr
steht daher am Anfang jeder inneren Schulung, jedes
geistigen Weges, jeder Bewußtseinsentfaltung die
Gedankenkontrolle – heute ebenso wie schon vor
Jahrtausenden.

Es ist sehr schwierig und gelingt meistens erst nach
langer Übung, den Verstand gänzlich zur Ruhe zu
bringen und innerlich so leer zu werden, daß man auf-
nahmebereit wird für höhere als gedankliche Schwingungen. Der Verstand ist von Natur aus ständig in
Bewegung. Irgend etwas geht einem immer durch
den Kopf. In Asien spricht man von der Affenherde
der Gedanken, die ihr Spiel im menschlichen Gehirn
treibt. Ein Weg zur Beruhigung der Gedanken besteht darin, daß man seine Aufmerksamkeit auf ein
bestimmtes Sinnesobjekt richtet und auf diese Weise
alle Verstandesaktivität gewissermaßen an diesen
Punkt festbindet. Der erste Schritt zur Gedankenkontrolle, den jeder Meditationsanfänger tun muß,
besteht also in der Gedankenkonzentration, in der
bewußten Zentrierung aller Überlegungen um einen
von ihm bestimmten Gegenstand.

Viele der nachfolgenden Meditationsanleitungen enthalten Übungen zur Gedankenkonzentration. Oft muß der Meditierende an dieser Stelle eines der größten Hindernisse überwinden. Wundern Sie sich daher nicht, wenn Sie Wochen und Monate brauchen, bis es Ihnen – zunächst für einige Sekunden, später für einige Minuten – gelingt, nicht abzuschweifen und unbeirrt »bei der Sache zu bleiben«. Üben Sie Geduld in der Gewißheit, daß diese Bemühungen grundlegend sind – wie Pflastersteine auf einem Weg. Bei der Übung mit der Kerze lernen Sie beispielsweise, durch das Fixieren des brennenden Dochts alle Gedanken zu einem Strang zu bündeln und auf einen Punkt auszurichten. Im Grunde geht es zunächst immer darum, an nichts anderes zu denken als an das gewählte Objekt und sich von seinem Tun durch nichts ablenken zu lassen, ob Sie nun das bewußte Atmen trainieren oder ein Mantra sprechen.

Der Körper sollte bei allen konzentrativen und meditativen Übungen so entspannen und zur Ruhe kommen, daß Sie ihn gänzlich vergessen. Ihr Bewußtsein sollte voll konzentriert, wach und aufmerksam bleiben. Setzen Sie die gesammelte Kraft Ihres Wesens bei der Betrachtung ein. Es ist wichtiger, daß die Konzentration ihre volle Intensität behält, als daß sie von langer Dauer ist. Bevor Sie Unaufmerksamkeit oder gar Schläfrigkeit zulassen, sollten Sie die Übung beenden. Stellen Sie sich immer voll und ungeteilt auf Ihr meditatives Tun ein, und gehen Sie ganz darin auf.

Sie können auch kleine Pausen in der Hektik des Alltags nutzen, um sich in Gedankenkonzentration zu üben. Dafür reichen wenige freie Minuten, und es ist ziemlich unerheblich, wo Sie sich befinden, ob in der Straßenbahn, im Büro oder in der freien Natur. Wählen Sie einen Gegenstand in Ihrem Blickfeld aus, und richten Sie auf ihn Ihre ausschließliche Aufmerksamkeit. Im Prinzip kommt jeder Gegenstand in Ihrer Umgebung als Objekt in Betracht. Das kann ein Regentropfen, ein Briefbeschwerer, ein welkes Blatt sein. Wichtig ist, daß Sie es sind, der den Gegenstand bestimmt, um den Ihre Gedanken kreisen sollen, und daß Sie keine anderen Gedanken zulassen als die, die sachlich mit ihm zusammenhängen. Versuchen Sie dann einige Minuten konsequent, Herr Ihrer Gedanken zu bleiben.

Richten Sie beispielsweise Ihre Aufmerksamkeit auf die Form eines welken Blattes, und trachten Sie danach, in das Wesen dieser Form einzudringen und sich mit ihr zu identifizieren. Betrachten Sie genau die Nuancen seiner Farben, und saugen Sie diese mit Ihrer Seele auf. Fragen Sie nach der Schönheit des Blattes, und machen Sie sich bewußt, worin sie sich ausdrückt. Stellen Sie sich vor, wie das Blatt aussah, als es noch frisch war, oder wie es sich weiter verändern wird. Aber lassen Sie nicht zu, daß sich Ihre Gedanken und Empfindungen von dem Objekt der Betrachtung lösen, und achten Sie darauf, daß es am Ende der kleinen Übung genauso lebendig vor Ihrer Seele steht wie am Anfang. Natürlich fällt es leichter, sich in etwas zu versenken, das man liebt, als in etwas, das man nicht mag. Wählen Sie deshalb einen Gegenstand, der Sie gefühlsmäßig anspricht.

Vielfach spricht man auch von Konzentration, wenn Menschen völlig in einer Lektüre, dem Be-

obachten eines Films oder in einer sonstigen angeregten Tätigkeit aufgehen. Eine solche Konzentration, bei der die Gedanken sich auf die verschiedensten Dinge richten, ist relativ leicht. Sie ist nicht
zu verwechseln mit der willentlichen Konzentration
auf einen einzigen Gegenstand, der alle Gedanken
binden und zum Ruhepunkt für den Verstand werden
soll. Nur wenn Sie sich immer wieder bemühen, ein
einziges Objekt (und später eine einzige Vorstellung, ein einziges Thema) in den Mittelpunkt Ihres
ungeteilten Interesses zu stellen und sich gedanklich ausschließlich ihm zu widmen, erringen Sie
nach und nach die Herrschaft über das, was in
Ihrem Kopf vorgeht. Achten Sie auf das innere
Empfinden von Sicherheit und Vertrauen, das zunehmend in Ihnen wächst, und führen Sie dieses
Empfinden Ihrem »Du«-Kanal zu. Sie orientieren
so Ihr Unterbewußtsein über Ihre neue Fähigkeit
der Gedankenkonzentration, so daß es Ihren künf-
tigen Bemühungen nicht die alten Muster des Ge-
dankenschlendrians als einzig bekannte Möglichkeit entgegenhält, sondern Sie an Ihre Erfolge in
der Gedankenbeherrschung erinnert und Sie mit
diesem neuen Muster ermutigt.

Sie erlangen durch die Übung der Gedankenkonzentration nach und nach die Fähigkeit, Ihre Verstandesaktivität auch außerhalb der Meditationszei-
ten zu kontrollieren. Dann denkt es nicht einfach
mehr in Ihnen, sondern Sie sind sich in jedem Augenblick Ihrer Gedankenaktivität bewußt. Gehen
wir zum Beispiel einer Tätigkeit nach, bei der wir
durch niemanden gestört sind, richten sich unsere
Gedanken zwar auf das aus, was wir gerade tun,

gleichzeitig aber hängen wir unkontrolliert anderen Dingen nach. Würden wir gefragt, was wir eben gedacht haben, wären wir unfähig, dies klar zu formulieren. »Ich weiß nicht genau, worüber ich nachgedacht habe«, wäre dann unsere Antwort. Die bewußte Gedankenführung verhindert auch das unmerkliche Hineingleiten in die Ebenen unseres Unterbewußtseins, wo negative, unverarbeitete Gedanken zu Hause sind, die bei solchem Tun fast augenblicklich das Gemüt mit Traurigkeit oder einer schlechten Laune überschwemmen. Gemütsschwankungen hängen immer mit unkontrollierten Gedanken zusammen. Lernen wir also, sie in den Griff zu bekommen, überlassen wir uns nicht mehr den Zufallsprodukten, die uns in den Sinn kommen, sondern setzen wir bewußt positive Vorstellungen an ihre Stelle. Im Laufe der Entwicklung gewöhnen wir uns immer mehr an, in allen Lebenssituationen uns selbst zu beobachten und uns zu vergegenwärtigen, welche Denkweisen negativ und schädlich sind und deshalb durch heilsame ersetzt werden müssen.

Damit sind Sie auf dem verheißungsvollen Weg, sich das gewaltige Potential schöpferischer Gedankenkraft zu erschließen und sie zu Ihrem eigenen Wohl und zum Besten Ihrer Mitmenschen einzusetzen.

Für Ihre Meditation aber hat die Konzentrationsübung vor allem die Bedeutung, daß Sie lernen, die Gedanken des Verstandes festzubinden und zu innerer Ruhe, zu Ihrem wahren Selbst zu kommen.

Die Wünsche und Gedanken, die uns am Anfang unserer Übungen immer wieder heimsuchen, werden oft mit den Wellen verglichen, die die Wasserfläche eines Sees trüben. Erst wenn die Wellen gänzlich zur Ruhe gekommen sind, wird der Spiegel kristallklar und gibt den Blick frei auf den Grund des Sees. Beherrscht der Mensch alle Wünsche und Gedanken, kann er ein reines Bild von seinem wahren Selbst gewinnen.

Übung 3

Geistiges Auge

Immer wenn Sie sich auf ein Sinnesobjekt konzentrieren, sollten Sie sich dabei vorstellen, daß Sie nicht nur mit Ihren physischen Augen, sondern gleichzeitig durch das dritte oder geistige Auge schauen. Sagen Sie sich: »Ich öffne mein Stirnenergiezentrum und richte auch mein geistiges Auge auf das Objekt.« Sie werden diesen Punkt zwischen den Augenbrauen oberhalb der Nasenwurzel mit der Zeit als kleinen, warmen, pulsierenden Kreis empfinden. Sie werden spüren lernen, wie von diesem Punkt aus ein feinstofflicher Energiefluß zu dem gewählten Objekt strömt, mit dem Sie wie über eine Lichtbrücke verbunden bleiben.

In diesem Zusammenhang möchte ich eine Übung anführen, die sich wie die Konzentration auch in den normalen Tagesablauf integrieren läßt. Nutzen Sie jede Gelegenheit, sich gedanklich für einige Minuten aus dem Alltagsgeschehen zurückzuziehen. Trainieren Sie dann Ihr geistiges Auge und schulen Sie Ihr Unbewußtes, indem Sie sich vorstellen, Sie würden durch alles hindurchsehen. Auch wenn das nicht sofort gelingt, werden doch Schwingungen in Bewegung gebracht, die die Kräfte Ihres unbewußten Selbst aktivieren. Versuchen Sie also immer wieder, mit Ihrem dritten Auge durch die Dinge hindurchzusehen, durch die Wände, durch geschlossene Türen. Machen Sie ein Spiel daraus! Es ist ein Spiel, das Früchte trägt, auch wenn es – von Ihrem Verstand aus betrachtet – am Anfang nichts bringt. Bitte vergessen Sie nie, daß Sie sich nicht nur in Ihrem physischen Körper entwickeln. Entwicklungen gibt es in allen unseren Körpern. Die Intuition und die medialen Fähigkeiten hängen auch von der Entwicklung der feinstofflichen Körper ab. Die Fähigkeit des Hellsehens beispielsweise hat mit dem grobstofflichen Körper nichts zu tun. Er führt dabei nur aus. Die Hellsehorgane werden im Feinstofflichen aufgebaut.

Wenn Sie beharrlich genug über einen langen Zeitraum bei dieser Übung bleiben, werden Sie innerlich viel Neues erleben, neue Aspekte und ein neues Empfinden. Als die geistige Welt diese Anleitung für die Entwicklung der feinstofflichen Bereiche übermittelte, empfahl sie, das Gesagte nicht durch die Mühle des Verstandes und der Logik zu drehen; kostbare Körner, aus denen reiche Frucht erwachsen könnte, würden sonst zu Staub.

Kerzenlicht

Stellen Sie eine mittelgroße Kerze auf den Tisch, und setzen Sie sich bequem davor. Vergewissern Sie sich, daß Sie während der nächsten fünf Minuten nicht gestört werden. Zünden Sie die Kerze an, und richten Sie Ihren Blick auf die Flamme. Erinnern Sie sich jetzt an das geistige Auge. Stellen Sie sich vor, daß Sie gleichzeitig mit Ihrem geistigen Auge sehen. Fixieren Sie nun unaufhörlich fünf Minuten lang die Kerze. Nehmen Sie sie zuerst in ihrer ganzen Größe und in ihrem Umfang wahr. Betrachten Sie auch ihre Farbe. Lassen Sie die ganze Kerze auf sich einwirken. Fixieren Sie dann nur noch die Flamme. Richten Sie dabei Ihre Augen auf den Docht. Versuchen Sie, diese immer offen zu halten, ohne die Augenlider zu betätigen. Ihre Augen werden sich bald daran gewöhnen, einen Gegenstand einige Minuten lang zu fixieren. Für den ersten Schritt genügen diese Betrachtungen.

Wenn Sie nach Ablauf einer gewissen Zeit den zweiten Schritt tun wollen und sich in Ihrem Zimmer wieder eingerichtet haben, blicken Sie von Anfang an nur auf die Flamme. Fixieren Sie sie unaufhörlich, und dringen Sie mit Ihrem Blick in die Flamme ein. Möglicherweise werden Sie feststellen, daß sie größer und größer wird. Sie können sogar verschiedene Farbtöne in der Flamme sehen. Nehmen Sie gefühlsmäßig die ausstrahlende Wärme auf. Vergegenwärtigen Sie in Ihrem Gemüt die Lebendigkeit der brennenden Kerze. Spüren Sie gleichzeitig mit jedem Atemzug ihre eigene Lebendigkeit. Durch das Fixieren des Dochts sammeln Sie alle Gedanken auf einen Punkt. Anfänglich schweifen die Gedanken noch ab. Lassen Sie sich dadurch nicht entmutigen. Wenn Ihnen die Konzentration auf den Lichtpunkt ganz gelingt, vergrößert sich die Flamme der Kerze mehr und mehr. Schließen Sie auch diese Übung jeweils nach fünf Minuten wieder ab, und üben Sie täglich über einen langen Zeitraum hinweg.

Beim nächsten Schritt setzen Sie sich wiederum sehr bequem hin, so daß Sie Ihren Rücken möglichst gerade halten können. Zünden Sie die Kerze an, und richten Sie Ihren Blick wieder auf sie. Vergessen Sie dabei nicht, Ihr drittes Auge mit einzubeziehen. Atmen Sie zuerst einige Male tief durch das Sonnengeflecht ein und durch das geistige Auge aus. Beachten und empfinden Sie dabei gleichzeitig die Bewegung der Flamme. Fixieren Sie sie unaufhörlich. Sie sehen dabei den unteren dunkleren Teil, den Schatten des Dochtes. Fixieren Sie ihn unaufhörlich. Versuchen Sie mit Ihrem ganzen Empfinden, die Flamme in sich aufzunehmen. Je besser es Ihnen gelingt, sie nicht aus den Augen zu lassen, um so mehr wird sie sich wieder vergrößern. Langsam verschwindet aus Ihrem Blickfeld die Kerze. Die Flamme wird größer und größer. Alle Gedankenfäden winden sich wie zu einem dicken Seil.

Es gibt keinen einzelnen Gedanken mehr. Aus Ihren Augen fließen die Gedanken wie ein Strom in die Flamme der Kerze. In Ihrem Empfinden existiert nur die Flamme, und Sie verschmelzen mit ihr.

Diese Übung wiederholen Sie an den darauffolgenden Tagen so lange, bis die Kerze aus Ihrem Blickfeld verschwindet und Sie nur noch die Flamme sehen. Wie lange Sie dafür brauchen, spielt keine Rolle. Lassen Sie sich Zeit. – Sollte es einen Tag geben, an dem Sie unkonzentriert sind, gehen Sie zurück zum ersten Schritt. Nehmen Sie dann einfach wieder die ganze Kerze wahr. Wenn es Ihnen gelungen ist, die Übung so auszudehnen, daß die Kerze aus Ihrem Blickfeld verschwindet, fahren Sie mit der nachfolgenden Übung fort.

Fixieren Sie die Flamme, bis Sie außer der Kerze nichts anderes mehr wahrnehmen. Möglicherweise spüren Sie einen leichten Druck oberhalb der Nasenwurzel. Wenn Sie die Flamme nicht mehr aus den Augen verlieren, wird sich der Raum, in dem Sie sich befinden, mit allen Gegenständen Ihrem Blickfeld entziehen. Langsam kommt der Wunsch in Ihnen hoch, in die Flamme hineinzugehen. Tun Sie es mit Hilfe Ihrer Vorstellungskraft. Ihre Augen, Ihre Empfindungen vereinen sich mit dem Kerzenlicht. Sie spüren, wie sich Ihre menschliche Wärme mit der Wärme des Lichtes verbindet. Sie selbst sind Licht und strahlen Wärme aus. Die Kerze, die sich selbst verzehrt und doch Licht ist, stellt ein Symbol für den Menschen und sein Leid dar, das er in seinem Leben erlitten und aufgeopfert hat.

Sie können Ihre Übungen von nun an eine Minute täglich verlängern. Fixieren Sie die Kerze so lange, bis Sie mit ihr identisch sind. Ich rate Ihnen, über Ihre Erfahrungen vorläufig mit niemandem zu sprechen. Nach einiger Zeit können Sie die Übung bis zu fünfzehn Minuten erweitern. Mit Ausdauer und Geduld werden Sie irgendwann einmal fähig werden, einen dunklen Raum mit Licht aufzufüllen, auch wenn keine Kerze brennt, Sie aber beim Betreten des Raumes an die Kerze denken.

Wenn Sie bei der Betrachtung der Kerze so weit gekommen sind, daß das räumliche Empfinden aufgelöst ist, sprechen Sie halblaut vor sich hin:

»Kerze, als lodernde Flamme brennst
du in meiner Seele.
Ich spüre dein Brennen als das Sehnen
nach Gott.
Ich habe dich, Licht, in mich aufgenommen.
Ich trage dich, Licht, in meinem Herzen.
Wenn die Schatten des Lebens über mich
herfallen,
besinne ich mich auf dich, Licht.

Mit jedem neuen Tag leuchte ich stärker.
Ich leuchte in jede Dunkelheit hinein.
Ich bin mir bewußt, daß ich Licht bin,
das sich aus dem göttlichen Licht nährt.
Diese Gewißheit macht mich stark.
Ich bin froh, ich bin stark, ich bin Licht.
Als Licht, das jede Dunkelheit erhellt,
lebe ich hier und jetzt.«

Wiederholen Sie diese Übungen über Monate, ja Jahre hinweg. Auch wenn die Übung immer die gleiche bleibt, sind die Erlebnisse jedesmal verschieden.

Es kann eine gute Hilfe sein, wenn Sie nach jeder Meditation Ihre Erlebnisse aufschreiben, auch wenn Sie das Gefühl haben, daß nicht viel oder vielleicht sogar nichts geschehen ist. Solche tagebuchartigen Notizen haben einen bestimmten Effekt auf die feinstofflichen Schwingungen, und das Unbewußte reagiert dadurch in viel offenerer Weise. Dadurch, daß Sie auftauchende Schwierigkeiten in Stichworten zu Papier bringen, bleiben sie schwingungsmäßig nicht in Ihnen haften. Aber verweilen Sie nicht bei den Feststellungen, was nach Ihrer Meinung noch nicht so recht lief, sondern drücken Sie vor allem dasjenige in Ihren Gedanken und Notizen aus, was Sie an Veränderungen, und seien sie noch so klein, gespürt haben. Führen Sie jede kleinste Veränderung Ihrem »Du«- und »Wir«-Kanal zu, damit Ihr Erinnerungs-Unterbewußtsein orientiert wird über das neue Geschehen in Ihnen. Sagen Sie sich beispielsweise: »Heute hast *du* ein schönes Gefühl des Schwebens erlebt«, oder: »Über das Farberlebnis können *wir* uns wirklich freuen.« Vielleicht lesen Sie noch einmal das Kapitel über das »Du« und das »Wir« in uns.

Übung 5

Blume

Holen Sie sie sich auf einer Wiese, oder kaufen Sie
sich eine Blume. Wählen Sie eine aus, bei der Sie die
Mitte des Blütenkelches gut sehen können. Dunkeln
Sie den Raum etwas ab, jedoch so, daß Sie die Blume,
die vor Ihnen stehen soll, noch deutlich erkennen.
Betrachten Sie zuerst die ganze Blume. Vergessen Sie
nicht, sie mit Ihrem dritten Auge gleichzeitig wahrzunehmen. Zeichnen Sie mit Ihren Gedanken jedes
Blatt in Ihrem Innern nach. Tun Sie dies fünf Minuten lang, und schließen Sie dann die Übung ab.

Als zweiten Schritt stellen Sie die Blume so vor sich
hin, daß Sie ihren innersten Punkt, ihre Mitte, betrachten können. Fixieren Sie dann diesen Punkt.
Sammeln Sie Ihre Gedanken auf ihn, und denken
Sie an nichts anderes. Atmen Sie das Leben dieser
Blume ein, und richten Sie Ihre Empfindungen auf
Ihre eigene Mitte, etwas unterhalb Ihres Bauchnabels. Fixieren Sie weiterhin den innersten Punkt so
lange, bis Sie gleichzeitig Ihre eigene Mitte deutlich
spüren. Üben Sie täglich so lange, bis Ihnen das
vollständig gelingt. Erst dann gehen Sie einen
Schritt weiter.

Fixieren Sie wiederum mit Ihren Augen, den physischen und dem geistigen, die Blüte. Nach einer

222

gewissen Zeit fließen die einzelnen Blätter zu einem einzigen zusammen. Die Blume sieht nun aus, als bestünde sie aus zwei Kreisen. Fixieren Sie diese so lange, bis sich Ihr räumliches Empfinden auflöst. Wenn Sie mit der Konzentrationsübung so weit vorangekommen sind, daß Sie die beiden Kreise erkennen und sich das Räumliche um Sie herum auflöst, können Sie den nächsten Schritt tun.

Betrachten Sie die Blume. Stellen Sie sich vor, daß Sie selbst eine Blume sind. Sie schauen als Blume auf die Blume. Ihre Beine sind wie der Stiel. Sprechen Sie halblaut vor sich hin: »Mein Energiekreislaufsystem nimmt die Ausstrahlung der Farbe der vor mir stehenden Blume auf.« Wie sie ihre Blüte der Sonne entgegenstreckt, so heben auch Sie Ihren Kopf. Stellen Sie sich dabei vor, daß das warme Sonnenlicht Sie ganz durchdringt. Bleiben Sie fünf Minuten in dieser Betrachtung sitzen. Denken Sie daran, daß die Blumen wie die Kinder der Erde sind. Bevor Sie in Ihr normales Bewußtsein zurückkehren, reden Sie mit der Blume. Sagen Sie ihr, wie schön sie strahle und wie lieblich sie sich ausdrücke. Nehmen Sie sich vor, es ihr gleichzutun.

Machen Sie es sich bei Ihren Spaziergängen durch die Natur zur Gewohnheit, die Farben intensiv in sich aufzunehmen und sie als Schwingungen zu empfinden.

Übung 6

Uhr

Auch die Uhr ist ein Hilfsmittel, auf das Sie Ihre Gedanken konzentrieren können. Stellen Sie einen Wecker oder eine Uhr mit einem Sekundenzeiger vor sich hin. Atmen Sie einige Male tief ein und aus, um sich zu entspannen. Nehmen Sie wahr, wie sich Ihr Körper von Übung zu Übung schneller und leichter entspannt. Konzentrieren Sie sich auf den Sekundenzeiger. Tun Sie an einem Tag nichts anderes, als ihm fünf Minuten lang mit Ihren Augen zu folgen, ohne dabei anderen Gedanken Einlaß zu gewähren.

Im zweiten Schritt fixieren Sie wiederum nur den Sekundenzeiger. Versuchen Sie, den Pulsschlag Ihres Herzens zu empfinden. Die Uhr strahlt einen bestimmten gleichmäßigen Rhythmus aus. Lassen Sie den Sekundenzeiger keinen Augenblick aus Ihren Augen, und spüren Sie Ihren eigenen Körperrhythmus. Ihr Atem geht langsam und ruhig. Versuchen Sie, sechs Minuten lang weiter nichts zu tun, als mit Ihren Augen dem Sekundenzeiger zu folgen und gleichzeitig den Pulsschlag Ihres Herzens und Ihren eigenen Körperrhythmus zu empfinden. Stellen Sie sich dabei nichts anderes vor. Sie haben keine Wünsche und keine Erwartungen.

Der nächste Schritt besteht darin, daß Sie auf den Mittelpunkt des Zifferblattes blicken. Je mehr Sie den Zeiger mit Ihren Augen festhalten können, und je tiefer Sie Ihr Empfinden in ihn hineinverlegen, um so einfacher wird es für Sie, die Zahlen und die Kontur der Uhr langsam aus Ihrem Blickfeld entschwinden zu lassen. Machen Sie diese Übung so lange, bis sich die Uhr mit Ausnahme des Sekundenzeigers vor Ihren Augen auflöst.

In der darauffolgenden Übung bringen Sie sich wieder so weit, bis Sie nur noch den Sekundenzeiger sehen. Sprechen Sie dann halblaut im Rhythmus der Sekunden immer wieder: »Licht, Licht …« vor sich hin und zwar etwa drei Minuten lang. Jeder Gedanke ist Energie, und mit der Wiederholung des Wortes »Licht« erzeugen Sie in Ihrem Körper ganz bestimmte energetische Wellen.

In weiteren Übungen sprechen Sie dann das Wort »Liebe«, später das Wort »Kraft«. Schließlich können Sie in einer Übung die Worte »Licht, Liebe Kraft« hintereinander, aber immer im Rhythmus der Uhr, aussprechen. Damit aktivieren Sie gleichzeitig drei verschiedene Energien in Ihrem Seelen- und Körperhaushalt.

Fixieren Sie in einer weiteren Übung erneut den Sekundenzeiger, und versuchen Sie, sich über Ihre persönliche Zeit Gedanken zu machen. Lassen Sie sich von nichts ablenken, denken Sie nur über Ihre Zeit nach. Erinnern Sie sich daran, daß sie unweigerlich fortschreitet und Sie mit jeder Sekunde

Ihrem Ursprung näherkommen. Die Zeit ist dasjenige, was dem Planeten Erde seine Gesetzmäßigkeit gibt. Obwohl in anderen Dimensionen unsere Zeit nicht existiert, ist sie für die menschliche Entwicklung unentbehrlich.

Übung 7

Vorstellungskraft

Im ersten Teil dieses Buches habe ich bereits die Bedeutung der Vorstellungskraft erläutert. Trainieren Sie Ihre Vorstellungskraft, so oft Sie können! In ihr liegt alles. Viele Übungen dieses Buches enthalten gleichzeitig Anleitungen, Ihre Vorstellungskraft einzusetzen. Die Übung mit der Uhr läßt sich auf folgende Weise erweitern.

Beobachten Sie die vor Ihnen stehende Uhr, und prägen Sie sich jede Einzelheit tief ein, die Form, die Farbe, das Zifferblatt. Schließen Sie dann Ihre Augen für einen kurzen Moment, und stellen Sie fest, ob Sie die Uhr mit geschlossenen Augen in all ihren Einzelheiten sehen können. Gelingt es Ihnen nicht, öffnen Sie die Augen wieder, und wiederholen Sie den Versuch so lange, bis Sie die Uhr vor Ihrem geistigen Auge sehen.

Sie können die Uhr auch fixieren und dann mit geöffneten Augen den Blick auf eine leere Wand richten und versuchen, die Uhr auf ihr zu sehen. Diese Übung können Sie mit jedem beliebigen Gegenstand ausführen. Es hängt nur davon ab, wie lange Sie fähig sind, sich auf den jeweiligen Gegenstand zu konzentrieren. Geschieht das lange genug, ist es eine Leichtigkeit, die Uhr oder jeden beliebigen anderen Gegenstand auf der Wand oder aber vor Ihrem geistigen Auge zu erkennen.

Es empfiehlt sich, auch außerhalb der Meditation möglichst oft in Bildern zu denken, Gegenstände, über die Sie sprechen, sich bildlich vorzustellen und Worte in Bilder umzusetzen. Wenn Sie an einen Apfel denken, stellen Sie sich vor, daß Sie einen Apfel vor sich sehen. Wenn jemand zu Ihnen von einem Baum spricht, versuchen Sie sich das Bild eines Baumes vor Ihr geistiges Auge zu holen. Wenn Sie zwischendurch immer wieder solche kleinen Übungen machen, stärken Sie Ihre Imaginationskraft. Nebenbei verbessern Sie auch Ihr Gedächtnis, wenn Sie sich wichtige Daten in Bildern vorstellen; Sie können beispielsweise mit Ihrem inneren Auge einen schwierigen Namen als Leuchtbuchstaben auf eine Leinwand projizieren und ihn sich so viel nachhaltiger einprägen.

Es gibt viele Gelegenheiten, sich kurz auf ein Objekt zu konzentrieren und dann zu versuchen, es auch mit geschlossenen Augen vor sich zu sehen. Dabei ist es ratsam, daß Sie das Objekt nicht nur denken, sondern es auch laut nennen, bevor Sie die Augen schließen. Denn damit sprechen Sie eine andere Schwingungsebene an. Sie können den Namen auch flüstern. Wichtig ist, daß Sie die Stimme gebrauchen und daß der Gedanke durch einen Ton verstärkt, in einen Ton eingepackt wird. Nicht nötig ist, daß Sie sich bei diesen Visualisierungen versenken.

Eine Versenkungsübung, die Ihnen weiterhelfen kann, ist folgende: Sprechen Sie halblaut ein »sch« vor sich hin, ein stimmhaftes, halb gesungenes, langgezogenes »sch«, wie wenn Sie jemanden mahnen, stille zu sein. Machen Sie dann eine Pause. Dann sagen Sie es wieder und nehmen die Tonschwingung, die dabei herauskommt, in Ihrem Innern deutlich auf – so wie Sie Musik hören. Dann schweigen Sie, atmen tief und versuchen, sich tiefer und tiefer zu versenken, tiefer und tiefer. Dann versuchen Sie, den Klang in sich wiederzufinden, der dieses »sch« formte, als Sie es aussprachen. Sie werden sehen, daß Sie auf verschiedenen Ebenen in Ihrem Bewußtsein Neues entdecken. Es ist ein Schlüssel zu einem Tor.

Farben

Besorgen Sie sich Papier in möglichst vielen verschiedenen Farben. Legen Sie dann jeweils drei
Farben nebeneinander. Dunkeln Sie Ihren Raum
wieder etwas ab. Fixieren Sie die drei verschieden-
farbigen Blätter. Nehmen Sie die Ausstrahlung jeder
Farbe so lange auf, bis Sie spüren, von welcher Sie
sich am meisten angezogen fühlen. Legen Sie dann
die beiden anderen Blätter zur Seite. Nehmen Sie
nun mit Hilfe Ihrer Vorstellungskraft die Ausstrahlung der vor Ihnen liegenden Farbe in Ihr Bewußtsein
auf. Atmen Sie diese gleichzeitig einige Male tief
ein, und nennen Sie in Gedanken den Farbton. Fixieren Sie das Blatt so lange, bis alles andere Ge-
genständliche im Raum sich auflöst. Stellen Sie sich
dann vor, daß die Ausstrahlung der Farbe von Ihren
Organen aufgenommen wird. Diese kleine Übung
führen Sie täglich fünf Minuten lang aus.

Für Sie persönlich kann es interessant sein, wenn
Sie sich notieren, an welchem Tag Sie welche Farbe
ausgewählt haben. Wenn Sie diese Übung vollkommen beherrschen und feststellen, daß Sie beispielsweise die Farbe Rot am häufigsten ausgesucht
haben, zeigt Ihnen das auf, daß Sie sich hauptsächlich
mit Vitalität aufzuladen hatten. Haben Sie oft die
Farbe Braun oder Grau gewählt, sagt es Ihnen, daß
Sie eine gewisse innere Einsamkeit und Leere durch

die Übungen überwunden haben. Bei der blauen Farbe haben Sie viel Substanz in sich aufgenommen, welche das Gedächtnis und die Funktion des Gehirns aktiviert hat. Die grüne Farbe hat Sie hauptsächlich im Organbereich harmonisiert und die violette im seelischen Bereich. Wenn Gelb Ihre Farbe war, haben Sie sich mit Schwingungen aufgeladen, die Sie in erster Linie auf Ihre Umwelt ausstrahlen konnten.

Farben sind wie die Klänge der Musik. Ihre Ausstrahlung kann Balsam sein für Körper und Seele. Farben können Sie aufladen, stärken und Ihre Seele beschwingen. Es ist nicht ratsam, als Kleidung die schwarze Farbe zu wählen, weil Schwarz undurchlässig ist, keine Schwingung in den menschlichen Körper oder aus ihm herausfließen läßt. Im Grunde genommen ist die schwarze Kleidung ein Hindernis, die Trauer um einen heimgegangenen Mitmenschen zu überwinden. Die Schwingung des Trauergefühls wird durch die schwarze Kleidung im seelischen Bereich gefangengehalten. Es gibt eine innere Stauung; auch das Selbstmitleid wird gefördert, und man ist nicht zugänglich für Hilfe und Trost. Der Energieaustausch mit der Natur und dem Kosmos ist behindert.

Natürlich kann man auch wertvolle Farbübungen draußen in der Natur machen. Legen Sie sich zum Beispiel an einem warmen sonnigen Tag auf eine Wiese, und blicken Sie in den blauen Himmel. Fixieren Sie das Universum so lange, bis nichts mehr um Sie herum existiert und Sie ganz in das All eindringen. Sprechen Sie dann möglichst oft hintereinander: »Das All hüllt mich ein.« Wenn Sie spüren, daß Sie in ihm eingehüllt sind, sprechen Sie: »Ich bin vom All eingehüllt, ich bin all-eins.«

Farben sind Energien, die von der Seele aufgenommen werden. Nähren Sie Ihre Seele mit den Farben der Natur, indem Sie sie täglich bewußter aufzunehmen lernen. In diesem Zusammenhang will ich noch ein Wort über die Farbe Weiß sagen, die ich noch nicht erwähnt habe. Auch Menschen, die diese Farbe lieben, werden selten bei der Auswahl verschiedenfarbiger Papiere für die Übung, über die wir hier sprechen, ein weißes Papier wählen. Wer sich dennoch dafür entscheidet, sollte nicht das isolierte Weiß nehmen, sondern irgendeine farbige Linie auf das Blatt aufbringen.

Wie das Luftelement alles miteinander verbindet, so kann auch die ihm entsprechende Farbe Weiß mit allen anderen Farben verbunden werden. Es empfiehlt sich, sie vor allem in der Natur zu suchen. Atmen Sie ein weiße Blume ein, die Ausstrahlung eines mit Schnee bedeckten Berges, das Weiß blühender Bäume im Mai, folgen Sie den Bewegungen der schäumenden Kronen der Meereswellen, betrachten Sie den weiß schimmernden Mond, schauen Sie den weißen Wolken nach, oder versenken Sie sich in einen weißen Kieselstein. Auch Tiere tragen gelegentlich Weiß, der Schimmel, das Schaf, die Katze, der Polarhund.

Wenn wir Weiß in uns aufnehmen, ordnen sich die Gedanken leichter. Die Schwingungen des Weiß verstärken das Licht der anderen Farben in unserer Aura, dem feinstofflichen Schwingungsfeld um unseren Körper. Jede weitere positive Gedan-

kenenergie verändert dieses wunderschöne Farben-
meer, den Spiegel unserer Seele. Farben sind lebendige Substanzen, und wenn wir sie in der Meditation in uns aufnehmen, aktivieren und harmonisieren
wir immer uns selbst und bringen den Mikrokosmos
unserer Aura in Einklang mit dem Farbenspiel des
Makrokosmos.

Übung 9

Atmen

Öffnen Sie ein Fenster. Atmen Sie einige Male ein und aus, und denken Sie dabei, daß Sie die negativen Energien Ihrer Sorgen, Krankheiten und Ängste in das Universum fließen lassen. Stellen Sie sich dann vor, daß alle Poren Ihres Körpers sich weit öffnen. Lassen Sie beim Einatmen Ihren Atem tief in den Bauch hineinfließen. Mit dem innerlichsten Gefühl, das Sie aufbringen können, versuchen Sie sich dem universalen göttlichen Bewußtsein anzuschließen. Atmen Sie langgezogen, langsam und sehr tief ein. Stellen Sie sich vor, Ihr Körper, Ihr ganzes Wesen werde von göttlicher Liebe und von Licht durchströmt. Halten Sie dann Ihren Atem für einen kurzen Moment an. Nach einigen Sekunden atmen Sie langsam und tief aus. Sie fühlen, wie alle Disharmonien aus Ihnen weichen. Alsdann schließen Sie sich gründlich.

Viele Menschen neigen dazu, die Probleme des Lebens in sich hineinzuschlucken. Was sich dadurch innerlich anstaut, führt von Zeit zu Zeit zu Ausbrüchen des Zorns und dadurch zu Streit in der Familie oder im Beruf. Wer sich aber in Klängen und Tönen »Luft macht«, kann sich leichter von dem, was sich an negativen Gefühlen, an Giftstoffen angesammelt hat, befreien. Mit der folgenden kleinen Übung, die man am besten im Stehen absolviert, können Sie viel zu einer harmonischen Gesundheit von Körper und Seele beitragen. Zugleich führt die Tiefenatmung dem Körper wie eine Kraftspritze Sauerstoff zu und trainiert die Stimmbänder, so daß die Stimme sich entwickelt und freier wird.

Atmen Sie zunächst langsam und tief durch die Nase ein, wie Sie den Duft einer Blume in sich einsaugen. Denken Sie daran, daß Atem Lebenskraft ist. Lassen Sie diese im ganzen Körper wirken, während Sie den Atem kurz anhalten. Wenn Sie dann durch den Mund ausatmen, stoßen Sie die Luft nicht einfach wieder aus, sondern singen Sie möglichst laut und langgedehnt den Vokal a, und denken Sie dabei nur an den Buchstaben a, um eine reine Energie zu produzieren. Wiederholen Sie diesen Vorgang. Gehen Sie dann zu den anderen Vokalen über, zu e, i, o und u, die Sie gleichfalls zweimal nacheinander möglichst laut ausatmen. Und vergessen Sie nicht, das Einatmen, das Anhalten des Atems und das Ausatmen mit den entsprechenden Vorstellungen zu verbinden, den ganzen Ablauf also mit wachem Bewußtsein zu vollziehen. Die dabei erzeugten Schwingungen bringen eine Harmonisierung in den verschiedensten Organbewußtsein hervor. Versuchen Sie zu spüren, welche Vokale die unterschiedlichen Körperorgane in besonderer Weise in Vibration versetzen.

Wenn wir etwas geübt sind, können wir auch versuchen, die Schwingungen und Vibrationen von a, e, i, o und u in ihrer Vieldimensionalität aufzunehmen. Wir können uns geistig fragen und nach innen hören, was unser ganzer Gefühlsbereich, nicht der Organbereich, uns an Resonanz auf unsere Übungen vermittelt. Wir können schließlich soweit gehen, daß wir über die außersinnliche Wahrnehmung versuchen, das Echo der von uns produzierten Schwingungen aus dem Universum aufzunehmen. Doch in allererster Linie bedeutet diese kleine Übung eine Befreiung von Giftstoffen, Ängsten und Unsicherheiten.

Wenn Sie anfänglich gewisse Hemmungen empfinden, mit der ganzen Kraft Ihrer Stimme solche Laute von sich zu geben, versuchen Sie einen Ort zu finden, wo man Sie nicht hört. Eltern können, wenn sie in spielerischer Weise mit ihren Kindern diese Übung durchführen, zugleich ihre eigene Scheu überwinden.

Das Singen hat die gleichen Wirkungen. Wir sagen nicht von ungefähr, daß Singen gesund sei. Im Volksmund heißt es:

»Wo man singt, da laß dich ruhig nieder;
böse Menschen haben keine Lieder.«

Wenn wir Lieder singen, aktivieren wir durch den Text unsere Vorstellungskraft in anderer Weise als beim Singen der Vokale. Durch ein Lied sind wir an den Text gebunden, und auch die Schwingungen sind in ihrer Kraft wie in ihrer Wirkung auf den Körper an den Text gebunden. Es liegt eine Begrenzung vor, die beim Singen von Vokalen entfällt.

236

Übung 10
Mantra

Sie können in viele Konzentrationsübungen ein
Mantra einbauen. Ein Mantra ist ein Wort mit ganz
bestimmten Schwingungen. Wie ein Lot zieht es
Sie in eine gewisse innere Tiefe. Man spricht es oft
und langsam nacheinander aus. Nach einiger
Übung können Sie das Wort im Rhythmus des At-
mens sprechen. Während Sie einatmen, denken Sie
zum Beispiel ein Wort wie »Liebe«, das heißt, Sie
laden den Atem mit dem allesumfassenden Liebesstrom auf. Halten Sie Ihren Atem einige Sekunden
an, und seien Sie sich bewußt, daß der Liebesstrom
Ihren Körper und Ihr ganzes Wesen erfüllt. Atmen
Sie aus, und sprechen Sie dabei halblaut und langgezogen das Wort »Liebe«. Stellen Sie sich dabei
vor: Sie lassen den Strom der Liebe in den Kosmos
zurückfließen; dort wird er von der göttlichen Kraft
verstärkt; als verdichtete und gereinigte Energie
fließt er mit dem nächsten Einatmen in Sie zurück.
Sie sollten aus gesundheitlichen Gründen das Anhalten des Atems erst nach längerem Üben zeitlich
ausdehnen.

Manchem Menschen hilft ein Mantra, die Klänge
der Seele zu empfinden und die Schwingungen im
Körper besser wahrzunehmen. Dann kann ein
Mantra wie das sanfte Öffnen eines Tores sein, das
den Meditierenden in einen wunderschön blühenden

Garten der Seele führt. Wer durch längeres Üben auf ein bestimmtes Mantra eingestimmt ist, dem kann das Aussprechen des Wortes den Übertritt von einem Bewußtsein in ein anderes erleichtern.

Nicht alle Menschen brauchen von ihrer geistigen Struktur her ein Mantra. Finden Sie für sich selbst heraus, ob es für Sie wichtig und hilfreich ist.

Sie können ein Mantra auch verwenden, indem Sie es beim Meditieren denken statt sprechen. Ein Beispiel wäre das Wort »Amen«. Mit der Wortbedeutung »So sei es« schwingen Sie sich zustimmend in alles Sein und damit in das göttliche Bewußtsein ein. Dadurch verstärkt sich Ihre Gottesbeziehung. Sie können beim Einatmen und Anhalten des Atems sich das »Aa« vorstellen und beim Ausatmen die Silbe »men« denken. Wenn Ihnen die Formulierung »So sei es« angenehmer ist, denken Sie beim Einatmen »So«, beim Anhalten »sei« und beim Ausatmen »es«. Bei jeder Mantra-Übung sollten Sie bewußt tief ein- und ausatmen.

Pyramide

Wenn Sie krank waren oder Ihr Körper durch irgendwelche Umstände übermüdet ist, können Sie sich mit einer einfachen Farbübung sofort mit Kraft aufladen. Zeichnen Sie auf einen großen Karton ein blaues Dreieck, in das Sie sich hineinsetzen, ohne daß die blauen Linien der Dreiecksseiten Ihren Körper berühren. Setzen Sie sich mit Blick nach Osten. Ziehen Sie die Knie zum Kinn hoch, umfassen Sie sie mit Ihren Armen und Händen, und halten Sie den Kopf gerade aufrecht. Atmen Sie bewußt und etwas tiefer als üblicherweise siebenmal ein und aus. Stellen Sie sich dann vor, daß das Dreieck geistige Wände bekommt, die sich oben über Ihrem Kopf in einem Punkt treffen, so daß Sie in einer feinstofflichen Pyramide sitzen. Sie haben dann nichts weiter zu tun, als sieben Minuten darin sitzenzubleiben. Atmen Sie langsam und ruhig Kraft für den Körper und Kraft für die Seele ein. Nur diese beiden Gedanken sollen Sie während der sieben Minuten in Ihrem Kopf wiederholen: »Kraft dem Körper und Kraft der Seele; Körper, Seele und Geist sind eine Einheit.« Danach stellen Sie sich vor, wie Sie die geistige Pyramide im Universum auflösen. Stehen Sie dann auf, und schließen Sie sich gründlich. Seien Sie nicht verwundert, wenn Sie sich in allen Ihren Körpern aufgeladen, gestärkt und wohl fühlen. Ist ein Mensch lange Zeit körperlich oder psychisch krank gewesen, soll er diese Übung dreimal täglich an neun Tagen wiederholen. Sie beschleunigt die Rekonvaleszenz und jeglichen Heilprozeß. Es ist zu beachten, daß das von Ihnen gezeichnete Dreieck von keiner anderen Person benutzt werden darf.

Einschlafen

Wenn Sie einmal nicht einschlafen können, nutzen Sie, anstatt sich aufzuregen, die Zeit in folgender Weise. Lernen Sie die Stille zu fühlen und ihre Farben vor Ihrem inneren Auge zu sehen. Öffnen Sie weit das Fenster, und legen Sie sich in Ihrem Bett auf den Rücken. Sie können Ihre beiden Hände unter den Kopf oder auf das Sonnengeflecht legen. Atmen Sie dann fünfmal tief ein und aus. Spüren Sie, wie Ihre Aufregung mit jedem Ausatmen aus Ihrem Körper entweicht. Stellen Sie sich vor, wie Ihre Muskeln sich entspannen, und richten Sie Ihr Empfinden auf die Stille aus. Sagen Sie gedanklich: »Ich höre jetzt die Stille. Ich höre der Stille zu.«

Dabei werden Sie empfinden, wie sich Ihr Körper immer mehr beruhigt. Stellen Sie sich dann vor, wie Sie von den Schwingungen der Nacht eingehüllt werden und wie die Kraft der Stille durch Ihr ganzes Wesen fließt. Die Kraft der Stille ist in ihrer Ausstrahlung violett. Nicht ein bestimmtes Violett, sondern vom dunkelsten bis zum hellsten Ton. Versuchen Sie, sich diese violetten Farben geistig vorzustellen. Achten Sie darauf, daß Sie gleichzeitig die Stille weiterhin hören.

Wagen Sie den Versuch, auch wenn Ihnen diese Übung nach den Begriffen des Verstandes nicht realistisch erscheint. Nach einigem Üben werden

Sie alle möglichen Farbschichten von Violett in sich empfinden und vor Ihrem inneren Auge sehen. Rufen Sie sich in Erinnerung, daß diese Farben die Schwingungen und die Kraft der Stille sind, die nun langsam Ihre Nervenbahnen einhüllen. Dabei werden Ihre Gedanken müde und schwer, und schon bald versinken Sie in das Schlafbewußtsein. Immer wenn Sie eine eigens als Einschlafhilfe geschriebene Meditation benutzen, müssen Sie vor der Meditation Ihrem Erinnerungs-Unterbewußtsein die Information erteilen, daß sich alle Energiezentren nach dem Einschlafen automatisch schließen. Unterlassen Sie dies, schaden Sie Ihrer Gesundheit, und Ihr Schlaf ist unruhig.

Gute Laune

Jeder von uns hat schon einen Tag erlebt, an dem er sich nicht leiden konnte. Wir fühlen uns dann in unserer Haut nicht wohl, finden, daß wir nicht gut aussehen, und irgendwie stoßen wir an allem an. Wir unterliegen einer schlechten Laune. Auch hier können Farben das negative Schwingungsfeld umpolen.

Zeichnen Sie auf ein weißes Blatt Papier einen gelben Kreis. In seiner Mitte markieren Sie einen dunkelblauen Kreis von zirka einem Zentimeter Durchmesser. Setzen Sie sich bequem auf einen Stuhl. Atmen Sie einige Male tief ein und aus. Halten Sie das Blatt Papier in Ihren Händen, und fixieren Sie das ganze Bild. Atmen Sie dabei Ihre schlechte Laune und alle negativen Schwingungen in diesen gelben Kreis hinein. Tun Sie das, bis Sie sich ausgeglichener fühlen.

Fixieren Sie dann den dunkelblauen kleinen Kreis so lange, bis sich der gelbe Kreis vor Ihren Augen auflöst. Vergessen Sie nicht, auch Ihr drittes Auge miteinzubeziehen. Fixieren Sie unaufhörlich den blauen Kreis, bis er größer wird. Stellen Sie sich dann vor, daß Sie geistig durch diesen blauen Kreis hindurchgehen. Während Sie durch ihn hindurchgleiten, wird mit Hilfe Ihrer Vorstellungskraft die blaue Farbe dieses Kreises Ihr Energiesystem im seelischen Bereich und im Körper harmonisieren. Kehren Sie dann durch den blauen Kreis wieder auf Ihren Platz zurück.

Ist die schlechte Laune noch nicht ganz besiegt, wiederholen Sie die Übung, das heißt, Sie gleiten immer wieder durch den blauen Kreis, bis Sie sich ganz ausgeglichen fühlen. Wenn Sie Geduld haben, wird sich der Erfolg schon nach der ersten Übung einstellen. Wenn Sie optimal harmonisiert sind, nehmen Sie den gelben Ring wieder in Ihr Blickfeld auf. Atmen Sie dann siebenmal ein und aus mit dem Gedanken und der Vorstellung, daß Ihnen aus dem Universum durch alle Poren Ihres Körpers Licht zufließt. Beenden Sie alsdann die Übung.

Übung 14

Heiligenbild

Eine schöne Erfahrung wäre es, wenn Sie sich in eine Kirche oder abgeschiedene Kapelle begeben würden. Nehmen Sie zuerst durch tieferes Einatmen die guten Schwingungen der Kirche auf. Viele alte Gotteshäuser wurden an Stellen errichtet, wo sich besondere Energieadern der Erde kreuzen. Die Ausstrahlungen dieser Kraftfelder sind der Grund, warum die Menschen dort ein besonderes Fluidum wahrnehmen. Die Erdenergien werden vom Seelenbewußtsein aufgenommen, und sie fließen in das menschliche Tagesbewußtsein als Trost, als innere Stärkung und als Gefühl der Geborgenheit. Auch die Gedankenenergien der über die Jahrhunderte gesprochenen Gebete haben zu diesem Kraftfeld von Harmonie und Ruhe beigetragen, das den Menschen umfängt und in dem sich seine Sorgen und Ängste auflösen.

Wenn Sie sich also gefühlsmäßig in den Raum eingeschwungen haben, suchen Sie sich das Bild oder die Statue eines Heiligen aus. Setzen Sie sich möglichst nah davor. Fixieren Sie dann mit Ihren Augen, den physischen und dem geistigen, den dargestellten Heiligen und zwar den Punkt seines geistigen Auges. Wenn Sie sich wirklich auf das Bild konzentrieren, vergißt Ihr Tagesbewußtsein die normalen Reflexe der eigenen Augen, und es gelingt

Ihnen mühelos, ohne Bewegung der Augenlider über lange Zeit zu schauen. Es ist ratsam, diese Übung erst dann zu machen, wenn Sie in Konzentrationsübungen einen Gegenstand so zu fixieren gelernt haben, daß die Umgebung sich auflöst. Nach einigen Minuten nehmen Ihre Augen eine Veränderung des Bildes wahr, zum Beispiel kann es ein Lächeln oder ein anderer Ausdruck des Gesichts sein. Vergessen Sie nicht, nach Abschluß Ihrer Übung Ihr geistiges Auge zu schließen, sei es mit Hilfe Ihrer Vorstellungskraft oder dadurch, daß Sie mit der Hand über Gesicht und Kopf fahren. Das bedeutet, daß Sie in Ihr normales Tagesbewußtsein zurückkehren.

Übung 15
Ganzheitliche Harmonisierung

Die Meditation, in der wir uns der ganzheitlichen Harmonisierung widmen, kann uns in jeder Lebenssituation die Erfahrung schenken, daß die in uns vorhandene schöpferische, geistige Kraft eine unversiegbare Hilfsquelle ist. Die Harmonisierung von Körper, Geist und Seele aktiviert nicht nur die Energiezentren und alle feinstofflichen Funktionen, sie ist auch ein Prozeß der Reinigung und Regenerierung des physischen Körpers und seiner Organe. Wir erarbeiten uns im Laufe der Zeit den Zugang zu unserem eigentlichen Wesen. Gleichzeitig aktivieren wir unseren inneren Arzt.

Diese Standardmeditation kann ein Leben lang ausgeführt werden. Sie eignet sich im besondcrcn, das innere Kraftreservoir energetisch aufzuladen. Sie trägt dazu bei, daß wir uns von Tag zu Tag besser fühlen. Die in der Meditation erzeugten Kräfte sind heilbringende, harmonisierende Schwingungen, die in schwierigen Lebenssituationen den Körperorganen und dem Gemüt zufließen, was wir dann als Stärkung und Ermutigung empfinden. Unabhängig vom Lebensalter werden diese Energien zum Jungbrunnen der Seele.

Wenn wir uns zweimal wöchentlich für diese Standardmeditation Zeit einräumen, befreien wir uns von Streß, Leid und Angst, ja teilweise gar von

Schmerzen. Sobald wir diese Übung kennen, sind wir nicht mehr berechtigt, zu denken, wir wüßten aus einer Notsituation keinen Ausweg. Auch unserem eigenen Leben gegenüber gilt, daß Wissen verpflichtet.

Haben wir einen Meditationstext kennengelernt – und es muß nicht nur dieser sein –, tritt das Gesetz der höheren Verantwortung in Kraft und mahnt uns, die inneren Hilfsquellen in Anspruch zu nehmen, bevor wir Entscheidungen treffen. Wir sollten und dürfen nicht mehr nur aus Bequemlichkeit an einer solchen Hilfe vorbeigehen. Meditative Übungen öffnen alle Kammern unseres Unterbewußtseins, und wir gewähren uns, der Sprache unserer Seele zu lauschen und die sanften, ausgleichenden Schwingungen wie tröstende Hände zu empfinden. Lassen wir es doch zu, damit wir im Körper und in der Seele gesund bleiben und, unserer Verankerung in Gott immer bewußt, stark werden wie die Pfeiler der Brücken.

Gerade bei dieser Übung möchte ich in Erinnerung rufen, daß es nicht ratsam ist, vor dem Schlafengehen zu meditieren, weil die Aktivierung der Energiezentren den Körper belebt. Jede beliebige andere Zeit ist geeignet. Erinnert sei auch daran, daß es für Sie eine Hilfe darstellt, wenn Sie die Übung möglichst zur gleichen Tageszeit ausführen, damit Ihr Erinnerungs-Unterbewußtsein sich auf diese neue Tätigkeit leichter einstellen kann.

Wir setzen uns bequem auf einen Stuhl. Wir halten den Rücken gerade, ohne aber die Schultern nach hinten zu ziehen. Wir legen unsere Hände mit der Innenfläche nach oben gerichtet locker auf unsere Oberschenkel. Die Füße sollten wir nicht überkreuzen. Wir stellen sie nebeneinander. Wir schließen jetzt die Augen und behalten sie während der ganzen Übung geschlossen, es sei denn, wir empfinden eine innere Unruhe, Angst oder ein Unwohlsein. Dies ist allerdings die Ausnahme.

Wir atmen dreimal tief ein und aus und bestätigen uns selbst, daß wir bereit sind, uns völlig zu entspannen. Wie zu Beginn jeder Meditation hüllen wir uns sodann in ein geistiges Schutzfeld ein, indem wir in Gedanken um uns herum einen hellen Lichtkreis ziehen. Da Gedanken Energien sind, baut sich ein Energiefeld um uns auf, an dem alle denkbaren negativen Einflüsse abprallen. Wir sehen mit unserem geistigen Auge, wie sich der Lichtkreis nach oben und unten zu einer schützenden Lichtkugel um uns herum schließt, die nur durchlässig ist für helle, lichte, positive Schwingungen. So fühlen wir uns während der ganzen Meditation wohl und wunderbar geborgen.

Jetzt richten wir den Blick unserer physischen Augen nach innen, als würden wir versuchen, ganz in uns hineinzuschauen. Mit Hilfe der Vorstellungskraft atmen wir durch unser Sonnengeflecht, das in unserer Magengegend liegt, langsam ein und aus. Um den Körper zu entspannen, versuchen wir, gleichmäßig lang ein- und auszuatmen. Beim Einatmen zählen wir langsam bis zu drei oder vier, halten den Atem einen kurzen Moment an und zählen beim Ausatmen wieder bis zu drei oder vier.

Wir stellen uns dabei unaufhörlich vor, daß das sich langsam öffnende Sonnengeflecht wie ein

Schwamm fließende kosmische Energie aufsaugt. Diese fließt durch unsere Zellen, Drüsen, Muskeln und Nerven. Der Blutstrom nimmt die Energie auf und verstärkt den Sauerstoffgehalt in unserem ganzen Körper.

Wir atmen immer noch durch das Sonnengeflecht ein und aus und versuchen, die fließenden kosmischen Energien als prickelndes Gefühl zuerst in der Magengegend, dann im ganzen Körper wahrzunehmen. Das Sonnengeflecht, unser Gefühlszentrum, wird durch das bewußte Ein- und Ausatmen, durch den kosmischen Energieaustausch, langsam von allen Verkrampfungen befreit. Unser körperliches Abwehrsystem wird angeregt und gestärkt.

Wir sagen uns einige Male: »Ich bin Geist, ich bin Geist…« Die Kraft unseres Geistes ist fähig, Krankheit zu heilen und uns vor ihr zu schützen. Wir wiederholen: »Ich bin Geist« und nehmen die dabei entstehenden Gefühle wahr.

Es mag sein, daß Verdrängungen, seelische Verletzungen, Ängste und Unsicherheiten uns bestürmen. Wir können so erschüttert werden, daß Tränen in uns hochsteigen. Wir lassen ihnen freien Lauf und weisen kein Gefühl zurück. Die Schmerzen des Lebens werden uns mehr und mehr bewußt.

Wir verdrängen nichts. Wir lassen diese Tiefenreinigung zu, damit die Samen neuer Hoffnung und Erkenntnis, die Samen eines tieferen Glaubens in fruchtbarem Boden gedeihen können. Wir lassen unseren zurückgehaltenen Gefühlen freien Lauf und lösen uns von jahrelangen Ketten. Wir lachen, wenn uns danach zumute ist, wir weinen, wir schreien, wir tun, was unser Inneres uns gebietet.

Wir stellen uns vor, wie mit jedem Ausatmen alles Bedrückende und Störende, das Kranke, die inneren Ängste zurück in den Kosmos fließen. Es gibt viele liebevolle feinstoffliche Ärzte, die unsere Schwingungen auffangen, sie in jene Kraft umwandeln, die wir gerade jetzt brauchen und die uns über das Sonnengeflecht zufließt. Schwingen wir uns ein in die geistige Liebe, von der wir getragen sind. Diese Gewißheit durchströmt unser ganzes Wesen.

Wir wenden uns nun mit dem nächsten Einatmen dem Herzzentrum zu. Auch dieses nimmt die feinstofflichen Energien aus dem Kosmos auf. Wir atmen gefühlsmäßig kräftig durch das Herzzentrum aus, lassen den schwarzen Strom der Enttäuschungen aus ihm heraus in die alles fassende kosmische Liebe fließen. Wir spüren, wie wir immer besser durchatmen können, wie wir frei werden von irdischer Last. Unsere Herzensgüte tritt wie eine leuchtende Sonne in unser Bewußtsein. Sie erhellt das Gemüt und macht uns stark.

Wir atmen weiterhin ruhig und gelassen durch das Herzenergiezentrum ein und aus. Alles, was uns bedrückt, ist in diesem Moment unwichtig. Wichtig sind nur wir, wichtig ist, daß wir uns als gut empfinden. Unser Gutsein breitet sich in uns aus, es verstärkt sich mit jedem Einatmen, und immer mehr werden wir zu einem Pol der Liebe. Wir sind Liebe. Alle Zellen, alle Organe füllen sich mit Liebeskraft auf, und die Schatten unseres Menschseins weichen.

Langsam erhöht sich die Schwingungszahl der beiden geöffneten Zentren. Wir fühlen uns leichter und leichter. Unsere Gedanken werden klarer. Geborgenheit breitet sich immer spürbarer in uns aus. Wir haben Zeit für uns, viel Zeit.

Mit dem nächsten bewußten, etwas tieferen Einatmen öffnet sich jetzt langsam unser Hals- und Genickzentrum. Mit der Vorstellung atmen wir nicht nur durch unsere Nase, sondern auch durch das Halszentrum ein und aus. Das parallel funktionierende Genickzentrum entspannt den Schultergürtel, die Halswirbelsäule und den ganzen Rücken. Durch die erhöhte Tätigkeit der bewußt aktivierten Zentren harmonisieren sich Körper und Seele.

Wir spüren unsere eigentliche, innere Welt, in der wir zu Hause sind, in die wir uns immer wieder zurückziehen können. Wir machen Bekanntschaft mit unserer Heimat; wann immer wir diese Übung wiederholen, lernen wir uns immer besser kennen und verstehen.

Wir tun nichts weiter als durch das Herzzentrum Gelassenheit und Ruhe einzuatmen. Fragen, Wünsche, unkontrollierte Gedanken werden von den Schwingungen der Gelassenheit und Ruhe fortgetragen wie Blätter im Wind. Während wir weiterhin ein- und ausatmen, verdeutlichen uns die Schwingungen des Halszentrums die Verantwortung, die wir mit jedem gesprochenen Wort tragen. Wir vergegenwärtigen uns, daß jedes Wort entweder eine konstruktive oder eine destruktive Energie im Körper freilegt und daß wir durch unsere Worte unsere Gesundheit beeinflussen. Wir helfen dadurch auch mit, die Gesundheit der Weltseele zu fördern.

Alle geöffneten Energiezentren haben jetzt ihre Schwingungszahl erhöht. Unsere innere, verborgene Einsamkeit wird von den feinstofflichen Vibrationen so verstärkt, bis sie wie eine Seifenblase zerplatzt. Die Schwingungen unserer Einsamkeit ergießen sich in eine feinstoffliche blaue Dimension, die sich in unserem Empfinden als ein gewaltiger blauer See zeigt. Seine reinigende Kraft verwandelt die Schwingungen der Einsamkeit in Licht, das als gewaltiger Energiestrom durch die geöffneten Energiezentren in uns hineinfließt. Diese Verwandlung bringt uns dem Verständnis unseres Menschseins sehr nahe. Gefühle der Freude und tiefster Liebe erklingen wie feinste Glockentöne in unserem Innern. Dankbarkeit durchströmt uns.

Und jetzt atmen wir einmal bewußt tief ein und aus. Wir stellen uns vor, wie sich dabei das geistige Auge über der Nasenwurzel weit öffnet. Wir verlegen mit der Vorstellungskraft das Ein- und Ausatmen auf dieses Zentrum. Wir versuchen mit den physischen Augen, obwohl sie geschlossen sind, durch das geistige Auge zu schauen. Wir beachten nicht den dabei entstehenden leichten Druck in unserer Stirnpartie.

Wir stellen uns die Grenzen des Verstandes als einen dicken Bleistiftstrich vor. Wir stoßen ihn so lange an, bis er sich wie ein Gummiband langsam ausdehnt. Im Laufe der Übungen werden wir fähig, unsere Vorstellungskraft so zu verstärken, daß wir diesen Strich beliebig ausdehnen, ja gar verschwinden lassen können.

Ganz harmonisch atmen wir immer noch durch das dritte Auge ein und aus. Unser Körper, seine Organe und alle feinstofflichen Bereiche werden von Ruhe und Gelassenheit durchströmt. Wir wiegen uns in der allumfassenden Liebe. Der innere Blick sprengt die Grenzen unseres Horizonts, und wir staunen über uns selbst. Wir spüren, daß wir nicht nur aus dem uns bekannten Ich bestehen. Die unzähligen Teile unseres Wesens gelangen wie verwaiste Kinder in unser Bewußtsein. Wir nehmen sie liebevoll auf und spüren dabei unsere Ganzheit.

Die geöffneten Chakras saugen die All-Ströme tief ein. Wir sind in Harmonie mit dem kosmischen Bewußtsein. Gott schwingt in uns wie eine Harfe. Wir atmen ein kleines bißchen tiefer mit dem Bewußtsein und dem inneren Wunsch, die Schwingungen der uns durchströmenden göttlichen Liebe zu spüren. Wir werden von ihnen getragen und harmonisiert, wir fühlen den göttlichen Geist und seine Kraft. Seine Kraft ist unsere Kraft. Wir geben uns diesem Empfinden ganz hin.

Der Atem, der göttliche Lebensspender, durchströmt uns. Er fließt in die verborgensten Winkel aller unserer Bewußtsein. Seine Strömung öffnet nun auch unser Scheitelzentrum, das sich wie eine Blume entfaltet. Unter ihren Blättern fühlen wir uns wie unter einem schützenden Dach. Wir sind losgelöst von den Ketten unseres Verstandes und unseres Egos.

Wie ein Nachtschattengewächs hebt sich unser feinstoffliches Wesen dem Licht entgegen. Mehr und mehr weicht die Dunkelheit des Verstandes. Wir stellen uns beim Einatmen vor, daß Licht durch die Wirbelsäule fließt, hinaufsteigt bis zum Scheitel und sich über unseren Körper und unser Gemüt ergießt. Hunderte von Kerzen leuchten in uns. Alle Bewußtsein, aus denen unser Wesen besteht, und die Bewußtsein aller Organe nehmen dieses Leuchten in sich auf. Wir atmen durch die geöffneten Zentren Liebe und Gelassenheit ein, Liebe und Gesundheit.

Wir lassen unseren Gefühlen freien Lauf. Wir fürchten uns nicht, wenn hin und wieder das Empfinden aufsteigt, in eine Art Leere zu versinken. Bewußt gehen wir mit unserem Empfinden durch die Leere hindurch, als würden wir eine dunkle Pforte öffnen. Wir stoßen sie auf. Licht umfängt uns. Licht…

Alle Poren unseres Körpers und alle Energiezentren sind geöffnet. Durch den Erdmagnetismus sind wir einerseits in der physischen Welt verankert, andererseits aber über die Energiezentren mit der Elektrizität der All-Strömung verbunden. Nun werden wir in absolute Harmonie gebracht. Wir lassen alle Gedanken los, lassen geschehen, was jetzt in dieser Minute geschehen soll.

Wir sind fest davon überzeugt, daß die Schutzengel uns wie Geburtshelfer beistehen, wenn ganz neue Gefühle und Erfahrungen das Licht unserer Welt erblicken…

Wir sind Geist, und aus Ihm wird in uns der neue Mensch geboren.

Es wird Zeit, langsam wieder in das normale Tagesbewußtsein zurückzukehren. Wir sind und bleiben so stark wie ein Baum. Wir stellen uns vor, daß sich zuerst das Scheitelzentrum, danach das geistige Auge und dann der Reihe nach die übrigen Zentren schließen. Durch das Schließen werden wir vom Starkstromnetz gelöst und wieder an den Normalstrom angeschlossen. Es kann ein Gefühl entstehen, als wären wir unter Wasser geschwommen und würden jetzt wieder auftauchen. Wir atmen gelassen und ruhig ein und aus.

Wir sollten nicht traurig sein, wenn wir die Rückkehr in das Tagesbewußtsein so empfinden, als hätte man uns gewaltsam dem warmen Mutterleib entrissen. Vielmehr besinnen wir uns auf die Leuchtkraft in unserer Seele, die ihren Schein in jede Dunkelheit werfen kann. Noch einige Male atmen wir jetzt gut durch und hegen den Wunsch, in unser normales Bewußtsein, in unseren Alltag zurückzukehren.

Wir sind gestärkt und innerlich froh. Alle Kraftreserven in uns sind bis zum Rand aufgefüllt. Wir sind stark, wir sind Geist.

Langsam bewegen wir die Finger, die Hände, die Arme und den ganzen Körper.

Wir öffnen jetzt die Augen, recken und strecken uns und schließen uns sodann gründlich.

Übung 16

Bewußtsein wechseln

Haben Sie sich auch schon gewünscht, Licht zu sein oder sich wie ein Baum zu fühlen, wie ein Stern, eine Blume? Wollten Sie auch schon einmal fliegen können wie ein Vogel und seine Art von Freiheit nachempfinden? Es gibt Farbübungen, die Ihnen helfen, sich in andere Bewußtsein hineinzufühlen.

Wenn Sie sich als Baum empfinden möchten, schneiden Sie ein weißes Papier zu einem Kreis mit einem Durchmesser von sieben Zentimetern zurecht. Zeichnen Sie dann mit grüner Farbe einen kleinen Baum in die Mitte des Kreises. Es reicht aus, wenn Sie den Baum symbolisch mit einigen Strichen andeuten. Dunkeln Sie den Raum etwas ab. Lassen Sie im Hintergrund eine Ihnen angenehme leise Musik spielen, und entspannen Sie sich bequem auf einem Bett. Legen Sie den weißen Kreis auf Ihr geistiges Auge über der Nasenwurzel. Halten Sie dann Ihre Hände locker auf Ihrem Sonnengeflecht. Atmen Sie siebenmal bewußt tief ein und noch tiefer aus, und entspannen Sie sich vollkommen.

Gedanklich atmen Sie das Wort »Baum« ein und halten etwa drei Sekunden Ihren Atem an. Sie sprechen beim Ausatmen halblaut und langgezogen das Wort »Baum« aus. Wiederholen Sie dieses Ein- und Ausatmen siebenmal. Spüren Sie dabei, wie sich Ihr Körper entspannt, und stellen Sie sich vor, wie Ihr Tagesbewußtsein langsam in das Bewußtsein des Baumes hineingleitet. Führen Sie die Übung weiter, indem Sie jetzt zu Ihrem normalen Atemrhythmus zurückkehren und dabei das Wort »Baum« beim Ausatmen vor sich hinsummen, immer mit dem Gedanken, sich in das Bewußtsein des Baumes einzuschwingen. Mit der Zeit werden Sie in Ihrem Körper ganz neue Gefühle erleben. Durch ein inneres Hören und Empfinden nehmen Sie das Leben, die Struktur, das Atmen des Baumes in Ihrem Körper wie Klänge von Musik wahr.

Sprechen Sie langsam:

»Ich bin ein Baum. Ich fühle und empfinde wie ein Baum. Immer deutlicher vernehme ich in meinem Körper die Töne des Baumes. Meine Nerven und Gefühle sind seine Blätter. Meine Wurzeln sind im Göttlichen verankert. Die göttliche Schwingung spüre ich in mir. Sie fließt durch mich als Baum. Weil ich jetzt Baum bin, nehme ich die anders verdichtete göttliche Schwingung in mir wahr. Ich fühle mich als Baum, ich bin Baum.«

Es braucht Geduld, bis Sie sich in dieses neue Bewußtsein versetzen können. Wiederholen Sie die Übung ein ganzes Leben lang. So können Sie lernen, sich als Stein zu fühlen, als Stern, als Sonne, als Tier, als Wasser. Sie brauchen nur einen neuen weißen Kreis auszuschneiden und die Symbole von Stern, Sonne und so weiter in seine Mitte zu zeichnen. Wenn Sie die Übung nach etwa fünfzehn Minuten abbrechen, schließen Sie sich jedesmal gründlich.

Heilmeditation

Wenn Sie als erkrankter Mensch meditieren wollen, empfehle ich Ihnen, sich hinzulegen. Vergegenwärtigen Sie sich, daß Gedanken Energien sind. Schließen Sie Ihre Augen. Richten Sie Ihr Empfinden und Bewußtsein auf Ihr Sonnengeflecht. Stellen Sie sich bei jedem Ein- und Ausatmen vor, daß es sich langsam öffnet und wie ein Trichter aussieht, durch den Tausende von Lichtfunken in Ihren Körper fließen. Lassen Sie keine anderen Gedanken zu, bleiben Sie bei dieser Vorstellung so lange wie möglich. Atmen Sie gleichmäßig und ruhig. Stellen Sie sich beim Ausatmen vor, es würde Ihnen Ihr Schutzengel sanft und weich über Ihr Haar streichen. Imaginieren Sie, wie die Lichtfunken in Sie hineinfließen. Nach einer gewissen Zeit wird Ihr Körper von einer angenehmen Wärme durchströmt und ganz entspannt. Wenn Sie an einem inneren Organ erkrankt sind, gehen Sie mit Ihrer gedanklichen Vorstellung in dieses Organ hinein. Begrüßen Sie es, und danken Sie ihm für alle bis heute geleistete Arbeit. Sagen Sie sich: »Jetzt unterhält sich mein Seelenbewußtsein mit dem Bewußtsein des Organs.« Mit Hilfe Ihrer Vorstellungskraft durchtränken Sie das erkrankte Organ oder die kranke Stelle mit Licht. Beenden Sie diese Meditation mit dem starken Gefühl, daß das göttliche Bewußtsein sie durchfließt.

Beklagen Sie sich möglichst niemals, denn Sie würden im Bewußtsein der Organe krankmachende Schwingungen erzeugen. Bitten Sie auch um nichts, sondern versuchen Sie, sich lediglich vorzustellen, daß Sie mit Hilfe der Meditation die Funktionen Ihrer Organe kontrollieren. Sie müssen nicht wissen, wie die Kontrolle vor sich geht, sondern es genügt der Gedanke: »Ich kontrolliere und harmonisiere jetzt den Ablauf meines Organs.« Mit dieser erzeugten Gedankenenergie imprägnieren Sie den angesprochenen Bereich. Versuchen Sie dann, während dies geschieht, nur zu empfinden, was in diesem Organ vor sich geht. Stellen Sie sich vor, daß Ihre positiven Gedanken reine Energie sind, ein Lichtfluß, den Sie mit Hilfe Ihrer Vorstellungskraft durch die erkrankte Stelle fließen lassen. Damit beeinflussen Sie den Gesundungsprozeß, und Sie verhindern körperliche und psychische Blockaden. Bedanken Sie sich bei Ihrem Körperbewußtsein, und leben Sie von dieser Sekunde an in der Vorstellung, daß Ihre Organe hundertprozentig richtig arbeiten. Hegen Sie diese Gedanken mehrmals täglich, und schließen Sie des öfteren Ihr Sonnengeflecht.

Bei allen Heilmeditationen, die Sie sich beliebig selber ausdenken können, geht es immer nur darum, das Bewußtsein eines Organs anzusprechen und das fehlerhafte Programm gedanklich zu korrigieren. So machen Sie dem Unbewußten diese Korrektur klar, und es lernt, diese Krankheit loszulassen. Wenn ein Mensch aus irgendwelchen Gründen keine körperliche Genesung erfährt, werden ihm, wie ich schon erwähnt habe, solche kleinen Meditationen trotzdem eine Hilfe sein.

Vor allem auch die aufgezeigte Übung mit der Uhr: »Ich bin Licht« ist eine wichtige Heilmeditation. Aber auch ohne dieses genannte Beispiel können Sie durch den täglichen Ausspruch: »Ich bin Licht, Liebe und Kraft« oder: »In mir schwingen Licht, Liebe und Kraft« sehr starke Energien produzieren. Ihr seelisches Bewußtsein sowie alle Körperbewußtsein werden dadurch in positivem Sinne beeinflußt. Viele Menschen werden krank, weil sie vorher keine persönliche Beziehung zu sich selbst aufgebaut hatten, weil sie oberflächlich und nicht aus ihrer Mitte lebten. In sich selbst leben heißt in Gott leben. Wir haben verlernt, die göttlichen Hilfen in uns selbst zu aktivieren, und deshalb suchen die meisten Menschen gerade in der heutigen Zeit ständig Hilfsmöglichkeiten von außen. Für sie ist Gott draußen, genauso wie alle anderen Hilfen außerhalb von ihnen sind. Wir müssen uns wieder an den Gedanken gewöhnen, daß Gott drinnen, also in uns ist, und daß deshalb auch die meisten Hilfen für unser Leben in uns selbst sind. Dieser wichtige Gedanke ist das Tor, durch das die Menschen des Neuen Zeitalters schreiten werden.

Elemente

Vergewissern Sie sich, daß Sie fünfzehn Minuten nicht gestört werden. Setzen Sie sich bequem auf einen Stuhl und schließen Sie die Augen. Atmen Sie einige Male tief ein und aus. Versuchen Sie, erst Ihren Körper in einen Ruhezustand zu versetzen. Mit Hilfe Ihrer Vorstellungskraft sehen Sie sich in einer schönen Landschaft an einem Bachrand sitzen. Fühlen Sie, wie das Wasser Ihre nackten Füße umspült, und stellen Sie sich dabei vor, wie Sie durch die Lungen und die geöffneten Poren Ihres Körpers die ionisierte Feuchtigkeit in der Luft, das Wasserelement, einatmen. Wiederholen Sie gedanklich mit jedem Einatmen: »Ich atme die magnetische Kraft des Wasserelementes aus dem Kosmos ein.« Atmen Sie langsam aus, und denken Sie dabei, daß die Kraft des Wasserelementes, das in Ihrem Körper verbleibt und sich dort immer mehr sammelt, Ihre Organe entspannt und reinigt.

Wiederholen Sie dieses Ein- und Ausatmen so lange, bis Sie eine leichte Spannung im Bauch verspüren. Stellen Sie sich vor, wie alle Organe, die dem Wasserelement zugeordnet sind, harmonisiert und gesund werden. Atmen Sie dann das aktivierte Element durch die Lunge und alle geöffneten Poren aus, und stellen Sie sich dabei vor, wie das Wasserelement Ihres Körpers ins Universum fließt. Atmen

Sie gleichmäßig ruhig und so lange ein und aus, bis der leichte Druck im Bauch nachläßt. Bleiben Sie ruhig sitzen und, stellen Sie sich vor, wie mit jedem Einatmen das im Kosmos gereinigte Wasserelement in Ihren Körper zurückfließt und ihn mit Lebenskraft auflädt. Atmen Sie abschließend Ruhe, Harmonie und Frieden ein. Bevor Sie die Augen öffnen, stellen Sie sich vor, daß sich Ihre Poren und alle feinstofflichen Organe wieder schließen, also ganz normal arbeiten. Dann öffnen Sie die Augen. Wiederholen Sie diese Übung zweimal wöchentlich.

Sie kann mit jedem anderen Element in der entsprechenden Körperzone ausgeführt werden. Haben Sie eine Elemente-Meditation durchgeführt, ist es wichtig, abends mit den Gedanken an Harmonie, Frieden und Gesundheit einzuschlafen. Natürlich kann man auch, wie im folgenden beschrieben, alle Elemente nacheinander harmonisieren, was für die Organe einer kosmischen Dusche gleichkommt. Man fühlt sich danach wie neu geboren.

Setzen Sie sich so hin wie in der vorangegangenen Meditation. Ihr Körper ist entspannt, die Poren sind geöffnet, und Sie fühlen sich wohl und geborgen. Dann stellen Sie sich vor, wie sich Ihre Beine bis hinauf zum Steißbein bei jedem Einatmen mit schwerer, lehmiger Erde füllen. Atmen Sie regelmäßig und so lange ein und aus, bis Ihre Beine schwer sind. Stellen Sie sich beim Einatmen vor, daß alle Mineralien des Erdelementes von Ihrem Körper aufgenommen werden. Spüren Sie, wie die Erde Wärme und Geborgenheit ausstrahlt.

Dann richten Sie Ihr Bewußtsein auf das Wasserelement in Ihrem Körper. Versuchen Sie sich vorzustellen, daß Sie am Ufer eines ruhigen Sees sitzen und seine Feuchtigkeit und Ausstrahlung einatmen. Mit jedem Atemzug aktivieren sie die Schwingungen Ihres Wasserelementes. Stellen Sie sich vor, wie die Zellen, die Organe und alle Nerven von diesem Element gereinigt und harmonisiert werden. Versuchen Sie, den schwingungsmäßigen Unterschied zwischen dem Erd- und Wasserelement wahrzunehmen.

Nun wenden Sie sich dem Luftelement zu. Stellen Sie sich vor, wie Sie in der freien Natur sitzen und ein sanfter Wind Sie berührt. Atmen Sie mit Ihrem Herzchakra tief ein. Spüren Sie, wie sich Ihre Lungen ausdehnen und alle Beengungen verschwinden. Es tut Ihnen gut, durchzuatmen.

Jetzt richten Sie Ihr Bewußtsein auf das Feuerelement in Ihrem Körper. Stellen Sie sich dabei vor, daß Sie durch Ihr Stirn-Chakra einatmen. Versuchen Sie, sich eine glühende Sonne vorzustellen, deren Hitze Sie einatmen. Das Feuerelement löst alle dunklen, negativen Gedanken, alle Unsicherheiten und Ängste auf. Nun sind die Schwingungen der Elemente in Ihrem Körper aktiviert. Atmen Sie Ihre Sorgen immer wieder aus. Werfen Sie allen Ballast ab, und versuchen Sie zu spüren, wie sich Verkrampfungen im Körper und in der Seele auflösen. Atmen Sie fünfmal sehr bewußt die vier Elemente Ihres Körpers aus und ein. Imaginieren Sie, daß diese von den gewaltigen Elementen im Kosmos aufgeladen werden. Verstärkt fließen sie mit jedem Einatmen in Ihren Körper zurück. Während dies geschieht, gehen Sie mit Ihrem Bewußtsein in Ihr Sonnengeflecht. Sprechen Sie halblaut vor sich hin: »Ich bin der Mittelpunkt meines Körpers, und die bestimmenden Kräfte der Elemente machen mich heil.« Atmen Sie Ruhe, Harmonie und Gesundheit ein. Stellen Sie sich vor, daß sich alle Poren und feinstofflichen Organe wieder schließen, und kehren Sie in Ihr Tagesbewußtsein zurück. Vergessen Sie nicht, auch nach dieser Meditation am Abend vor dem Einschlafen Harmonie, Frieden, Ruhe und Gesundheit einzuatmen.

Kontakt mit dem Helfer

Wir dürfen uns in jeder Meditation der Tatsache bewußt sein, daß der »Torhüter«, unser geistiger Helfer oder Schutzengel, bei uns ist. Wenn ich mit einem Besucher zusammen meditiere und seinen Helfer sehe, ist es für mich stets aufs neue ein Anblick, der mich zutiefst rührt, denn meistens steht er neben oder hinter seinem Schutzbefohlenen, umschließt ihn ganz mit seinen Schwingungen, so als würde er ihn voller Liebe in einen Mantel einhüllen. Oft erinnert mich das Bild an Darstellungen der Schutzmantel-madonna, wie wir sie aus der religiösen Kunst kennen. Manchmal ist der Helfer, der da in seinem Astralleib steht, eine sehr hochentwickelte Seele, die niemals mehr zurückkehrt in die Dimension unserer Welt, oder er ist ein Lichtwesen, das nie auf dieser Erde gelebt hat. Ich bin dann überwältigt von dem Licht, das ein solches Wesen ausstrahlt und das es dem Besucher als Geschenk in Form wunderschöner Schwingungen vermittelt, die den Raum durchfluten und seine Seele mit Liebe durchtränken. Es läßt mich gelegentlich auch wissen, in welcher speziellen Weise es beauftragt ist, seinen Schutzbefohlenen in der Entwicklung zu fördern. Auch darf ich zuweilen sehen, ob es schon einmal mit ihm zusammen war, sei es in einem früheren Leben auf diesem Planeten oder in einer anderen Dimension. Oft bittet es darum, der Besucher möge sich ihm in den weiteren Meditationen zu öffnen versuchen. Helfer sind immer sehr froh, wenn sie sich hin und wieder einem Menschen mit offenem Bewußtsein mitteilen und über ihren Auftrag sprechen können. Meistens weiß der Mensch nicht, welchen Auftrag sie an ihm zu erfüllen haben.

Gewiß könnten viele Meditierende sehr viel früher die Anwesenheit ihres Helfers – wenigstens schwingungs- und gefühlsmäßig – wahrnehmen, wenn sie weniger starr nur den fünf Sinnen vertrauen würden. Im Neuen Zeitalter werden immer mehr Menschen ihre geistigen Helfer, die Engel und Lichtwesen anderer Dimensionen ganz natürlich spüren und auch sehen, so daß der Zweifel an ihrer Einwirkung auf unsere Menschenwelt wie ein unverständliches Relikt einer vergangenen Epoche erscheint.

Wenn Sie sich in der Meditation auf Ihren geistigen Helfer einstellen wollen, vergegenwärtigen Sie sich mit Ihrem ganzen Gefühl, daß er bereits bei Ihnen ist und sich Ihnen voller Liebe zuwendet. Atmen Sie immer wieder mit Ihren Poren, mit Ihrer Seele und Ihrem Geiste seine Kraft und Liebe ein. Lassen Sie sich von seinen Schwingungen durchfluten, stärken und erheben. Immer wenn Sie Kontakt mit ihm aufnehmen wollen, rufen Sie ihn, sprechen Sie in Gedanken oder auch halblaut: »Mein Helfer, ich rufe dich«, und reden Sie dann einfach mit ihm wie mit Ihrem besten Freund, ganz voller Vertrauen und unabhängig davon, ob Sie seine Schwingungen bemerken oder nicht. Auf dem Wege der geistigen Entwicklung ist es des Menschen Pflicht, den Vertrauensbeweis zu erbringen. Das heißt: Sie sollten die Gegenwart des Helfers als Tatsache annehmen, von der Sie ganz selbstverständlich ausgehen. Seien Sie einfach davon überzeugt. Dieser Vertrauensvorschuß öffnet den schnellsten Weg, um den Kontakt schwingungsmäßig herzustellen. Vergegenwärtigen Sie sich mit einem Gefühl tiefer Dankbarkeit, mit welcher Liebe und Geduld er darauf wartet, Ihnen mehr und mehr zu helfen; denn dies kann er nur in dem Maße, in dem Sie sich bewußtseinsmäßig entwickeln.

Wenn also in Ihnen ein Empfinden oder ein hilfreicher Gedanke aufsteigt, dann fragen Sie nicht, ob das wohl von ihm komme, sondern nehmen Sie vertrauensvoll an, daß er es Ihnen eingegeben hat. Bestätigen Sie ihm dieses Empfinden, bedanken Sie sich für diese Eingebung. Sie werden sehen, daß dies Wunder wirkt. Halten Sie richtige Zwiesprache mit ihm. So werden Sie den Kanal, der die Verbindung mit Ihrem Helfer ermöglicht, öffnen können. Denn der Kanal ist ja vorhanden. Es geht nur darum, den Pfropfen herauszuziehen. Und dies geht am besten auf die beschriebene Art des ganz selbstverständlichen Umgangs mit Ihrem Schutzgeist.

Häufig berichten Menschen, die den Kontakt herstellen konnten, daß sie sich der Tatsache des Kontaktes erst bewußt geworden waren, nachdem er schon lange bestanden hatte. Sie hatten sich in aller Regel eine bestimmte Vorstellung davon gemacht, wie sie die Eingebungen des Helfers erleben würden. Dadurch war ihre Wahrnehmung für das unerwartet andere Geschehen zunächst blockiert. Oder aber sie konnten sich aus falscher Bescheidenheit nicht wirklich vorstellen, daß auch ihnen ein solcher

Kontakt geschenkt würde und wollten ihn aus diesem Grunde nicht wahrhaben. Solche seelischen Einengungen haben immer ihre Wurzel im Verstand. Wichtig ist also auch hier, daß wir lernen, die Dinge geschehen zu lassen, sie anzunehmen und an ihren Sinn zu glauben, auch wenn der Verstand noch nicht begriffen hat. Eine bestimmte Erwartung, aber auch die aus falscher Bescheidenheit erwachsende Nichterwartung stellen eine blockierende Schwingung dar, denn alles – das sollten wir uns immer wieder vor Augen halten – ist Schwingung. Obwohl schon die Verbindung mit dem Helfer vorhanden ist, verhindert jene Schwingung, daß der Meditierende die ankommenden Impulse wahrnimmt.

Es ist auch ein Irrtum zu glauben, daß alle Menschen die feinstofflichen Welten auf gleiche Weise wahrnehmen. Bei einigen findet die Aufnahme im Kopf statt, bei anderen im Herzzentrum, im Genick oder im Sonnengeflecht. Es empfiehlt sich für die Verständigung mit dem geistigen Helfer, gedankliche Festlegungen zu vermeiden und mit großer Achtsamkeit und Offenheit jedes Empfinden aufzunehmen und auch anzunehmen. Sie können Ihren Helfer auch bitten, Ihnen ein Zeichen zu geben, daß Sie zum Beispiel körperlich etwas Bestimmtes empfinden oder vor Ihrem geistigen Auge etwas sehen, wenn er da ist und mit Ihnen kommunizieren will.

Wenn wir die Verbindung mit den feinstofflichen Wesen aufnehmen wollen, müssen wir Zweifel, Neugierde, Überheblichkeit und falsche Bescheidenheit hinter uns lassen. Allein die Haltung des Vertrauens und hingebungsvoller Verehrung unserem Schöpfer gegenüber sowie die Bereitschaft, sich aus dem geistigen Willen heraus führen zu lassen, machen unsere Seele empfindsam für das Subtile, für die Wunder allen Lebens überhaupt. Das naturwissenschaftliche Zeitalter, das sich jetzt seinem Ende zuneigt, hat die Tugend der Ehrfurcht durch das Ideal des kritischen Verstandes ersetzt. Dadurch haben wir viele Einsichten in die physische Erscheinungswelt gewonnen, uns aber den Blick für die geistigen Dimensionen verschlossen. Nur wenn der kritische Verstand sich mit der Ehrfurcht paart und die Liebe uns leitet, kann sich der Blick für die feinstofflichen Geschehnisse öffnen. Unweigerlich führt der Weg der Verinnerlichung zur Vereinigung von Verstand und Seele, und aus einem einzigen Bewußtsein heraus verbeugen wir uns vor dem Urquell allen Seins. Dann brennt nur noch ein Wunsch in uns, der als Stoßgebet die Sphären durchdringt: »Licht und Liebe allen Wesen, Ruhm und Ehre dem Schöpfer, unserem Vater!«

Nachwort

Am Abend des 9. Oktober 1986 erhielten mein Mann und ich die Gelegenheit, mit Millionen von Menschen in der Bundesrepublik Deutschland, in Österreich und der Schweiz gleichzeitig zu meditieren. Dies geschah im Rahmen der live ausgestrahlten Fernsehsendung des Zweiten Deutschen Fernsehens »Probe aufs Exempel: Gesund durch Gedanken-Energie«.

Während die Presse überwiegend Skepsis erkennen ließ, fand die Sendung bei den Zuschauern ein überraschend positives Echo. Es zeigte, daß sich in den Menschen eine große Offenheit für innere Erfahrungen entwickelt hat. Dem tragen die äußeren Lebensumstände noch allzu wenig Rechnung. Aus vielen Zuschriften lese ich die brennende Sehnsucht unzähliger Menschen, sich in der Meditation zu üben. Allerdings fehlen ihnen oft der Mut und das Wissen, wie sie es anfangen können. Ich hoffe, daß dieses Buch dazu beitragen darf, ihnen Unsicherheiten zu nehmen, und daß es sie zu ersten Schritten ermuntert.

Register

274

277

Silvia Wallimann

Lichtpunkt

Aufschlüsse über bewußtes Leben
und Sterben durch mediales Hellsehen

123 Seiten mit 1 Abbildung; gebunden
ISBN 3-908530-01-6

Seit eh und je haben Außersinnliche Wahrnehmungen die
Menschen teils in Angst, teils in Hoffnung versetzt. Zeugnis-
se außersinnlicher Begebenheiten gelten heute nicht mehr
unbedingt als ein Verstoß gegen den gesunden Menschen-
verstand. Deshalb ist der Leser aufgerufen, dem Inhalt dieses
Buches unvoreingenommen zu begegnen, ohne die üblichen
Vorurteile, die von Theoretikern oft mit um so größerer
Selbstsicherheit vertreten werden, je weniger sie von einer
Sache wissen.
Das mediale Hellsehen der Autorin Silvia Wallimann ist eine
neue Form der Lebensberatung. Ihre hellseherische Bega-
bung ermöglicht es ihr, Lösungen für persönliche und ge-
schäftliche Probleme eines Ratsuchenden aufzuzeigen, ohne
ihn zu kennen. Silvia Wallimann beschreibt Erkenntnisse, die
sie dank «jenseitiger Helfer» gewonnen hat und zeigt Wege
auf, wie jedermann Zugang zu solchen Quellen der Hilfe finden kann. Das Buch ist all denen gewidmet, die ohne Vorurteile nach der Wahrheit suchen.

Tamaron Verlag · CH-6078 Lungern · Schweiz

Silvia Wallimann

Brücke ins Licht

Ein Ratgeber für das Leben und das Leben danach

175 Seiten mit 6 Zeichnungen; gebunden
ISBN 3-908530-02-4

Silvia Wallimann gehört zu jener kleinen Gruppe von Menschen, die die nachtodlichen Seinswesen aus eigener, immer wieder neu geprüfter Erfahrung kennen. Was sie berichtet, sind die Früchte ihrer jahrelangen Tätigkeit als Medium und Lebensberaterin. Die Autorin beschreibt Erkenntnisse, die sie dank «jenseitiger Helfer» gewonnen hat und zeigt Wege auf, wie jedermann Zugang zu solchen Quellen finden kann.

Dieser Erfahrungsbericht der von Kindheit an hellsichtigen und hellfühligen Autorin gibt Antworten auf Fragen, die sich früher oder später jeder nachdenkliche Mensch angesichts des allgegenwärtigen Kreislaufs von Geburt und Tod aller Wesen stellt. Im Gegensatz zu den mehr wissenschaftlichen Büchern über Thanatologie (Erforschung der Sterbevorgänge) stößt Silvia Wallimann jedoch über die Todesschwelle hinweg in jene geistig-seelischen Bereiche vor, in die wir alle nach dem Ablegen unseres grobstofflichen Körpers gelangen werden.

Tamaron Verlag · CH-6078 Lungern · Schweiz

Silvia Wallimann

Die Umpolung

Vom Materiellen zum Geistigen

224 Seiten mit 9 Farbtafeln; gebunden
ISBN 3-908530-04-0

Es dringt immer stärker ins Bewußtsein des Menschen, daß
sich ein neues Zeitalter vorbereitet, das Hoffnungen auf tief-
greifende positive Veränderungen in allen Lebensbereichen
rechtfertigt. Welche Konsequenzen hat dies für unser persönliches Leben? Wie können wir uns auf diese neue Zeit
einstellen? In ihrem neuen Buch erweist sich Silvia Wallimann als inspirierende Seherin, die die ihr anvertrauten
Botschaften allen zur Kenntnis bringen möchte, die sich
mutig und unvoreingenommen mit der kommenden Zeit
auseinandersetzen wollen. Offen spricht sie von den Lichtwesen aus höheren Bewußtseinsebenen als den eigentlichen
Autoren dieses Buches. Sie versteht sich in der propheti-
schen Tradition als Vermittlerin offenbarten Wissens. Das
macht den Rang, aber in den Augen mancher Zweifler
gewiß auch die Problematik ihrer Vorhersagen aus.
So wird dieses Buch manchem als gedankliche Einübung in
die große Veränderung dienen, die die Umpolung vom Materiellen zum Geistigen bringen wird. Wir alle haben die
Chance, uns zu besinnen, wenn sich in den nächsten Jahren
die Natur deutlich regt und für jeden sichtbar das neue
Zeitalter ankündigt, das in etwa zwei Generationen seinen
Durchbruch erreicht haben wird.

Tamaron Verlag · CH-6078 Lungern · Schweiz

Silvia Wallimann

Erwache in Gott

286 Seiten, gebunden
ISBN 3-908530-07-5

»In dieser Zeit des Umbruchs vermitteln wir Engel und
Lichtwesen euch Menschen immer nachdrücklicher die
Botschaft, daß ihr in Wahrheit Götter seid. Mögen auch
viele erschrecken vor der Größe dieses Wortes, so bitten
wir euch um so liebevoller: Erwacht zu eurem wahren
Sein; erkennt die heilige Wirklichkeit«.
Mit diesen Sätzen beginnt das Werk von Silvia Wallimann,
dessen Texte ihr wie bei den vorigen Büchern in tiefer
Versenkung auf intuitivem Wege übermittelt wurden.
Auch dieses Buch enthält eine Vielzahl geistiger Übun-
gen, die dem Suchenden helfen, den Entwicklungsweg in
die Neue Zeit mit Freude und Zuversicht zu wagen. Nach
Mit Engeln beten hat Silvia Wallimann mit *Erwache in Gott*
einen neuen Höhepunkt ihres Schaffens erreicht.

Tamaron Verlag · CH-6078 Lungern · Schweiz

Silvia Wallimann

Mit Engeln beten

341 Seiten mit 2 Farbtafeln und
2 Zeichnungen; gebunden
ISBN 3-908530-05-9

Die Lichtwesen, die durch Silvia Wallimanns mediale Vermittlung »zu Worte kommen«, erschließen dem Leser viele neue Einsichten in die Wirkung von Gebetsformeln.
Wer »mit Engeln betet«, spricht Gebete, die nicht aus menschlichem Wissen geschaffen wurden, sondern geistigen Gesetzen des Kosmos entsprechen und in einer höheren Frequenz schwingen. In Form von praktischen Gebetsanleitungen, beispielsweise gegen Streß und Depressionen, bietet das Buch vielfältige Hilfen für die Bewältigung von alltäglichen Problemen und schwierigen Krisen.

Tamaron Verlag · CH-6078 Lungern · Schweiz

Silvia Wallimann

Engelgebete

150 Seiten, gebunden
ISBN 3-908530-06-7

Dieser Sonderdruck faßt in Form eines Gebetsbuches alle Gebete zusammen, die im Buch *Mit Engeln beten* erschienen sind.

Tamaron Verlag · CH-6078 Lungern · Schweiz

Silvia Wallimann

Das Übungsbuch

272 Seiten, gebunden
ISBN 3-908530-08-3

Vielfältige Erleuchtungserlebnisse und zur Meisterschaft gebrachte hellsichtige Fähigkeiten führten Silvia Wallimann zu Einblicken in Welten, die Menschen ansonsten verschlossen bleiben. Diese Erkenntnisse geistig-seelischer Wirklichkeitsbereiche verdankt die Autorin »jenseitigen« Helfern, Intelligenzen aus höheren Bewußtseinsebenen, die sich um die Entwicklung der Menschheit liebevoll sorgen. In tiefer Versenkung, auf intuitivem Wege übermittelt, gab Silvia Wallimann diese Botschaften in zahlreichen Büchern an die Leser weiter.
Silvia Wallimann ist jedoch der festen Überzeugung, daß jeder ernsthaft und vorurteilslos Wahrheitssuchende Zugang zu solchen Quellen der Hilfe finden kann. Vor allem im Gebet und in der Meditation – als Beschäftigung mit unserem ureigenen Wesen, mit den Wahrheiten, die in unserem Innern schlummern – sieht Silvia Wallimann dazu die geeigneten Mittel.
Das Übungsbuch von Silvia Wallimann enthält die Quintessenz ihrer bisher erschienenen Texte. Es umfaßt eine Vielzahl konkreter, bewußt an der Praxis orientierter geistiger Übungen, die dem Suchenden helfen wollen, den Entwicklungsweg in die neue Zeit mit Freude und Zuversicht zu wagen.

Tamaron Verlag · CH-6078 Lungern · Schweiz

Harmonie für Körper, Geist und Seele
durch Meditationen mit Silvia Wallimann

Chakra-Meditationen

2 CD's / 110 Minuten Spieldauer

CD 1: Das Herzchakra / Das Halschakra.
Das geistige Auge / Das Scheitelchakra.

CD 2: Das Wurzelchakra / Der feinstoffliche Körper.
Das Milzchakra / Das Sonnengeflecht.

In der Musikkomposition wurden die Bewegungen der Planeten in Klänge und Rhythmen umgesetzt. Jeder Planet hat seinen eigenen Grundton und ist einem der vier Elemente zugeordnet. Diese von unserem Sonnensystem bestimmte Musik schlägt zusammen mit dem gesprochenen Text eine Brücke zwischen dem Makro- und dem Mikrokosmos, die die Energiezentren des Meditierenden sanft aktiviert und auf eine höhere Schwingungsfrequenz bringen.

Morgen- und Abendmeditation

Zum Aufwachen und Einschlafen
1 CD / 40 Minuten Spieldauer

Durch die Morgenmeditation werden zusätzliche Kräfte frei. Man gewinnt Selbstvertrauen, wodurch sich auch in schwierigen Situationen positive Gedanken durchsetzen. Die Abendmeditation hilft, Einschlafstörungen zu überwinden. Der Hörer kann die Schwelle des Tagesbewußtseins leichter überschreiten und sich in Ruhe und Harmonie der nächtlichen Erholung hingeben.

Tamaron Verlag · CH-6078 Lungern · Schweiz

Meditationen und Gebete mit Engeln

2 CD's / 110 Minuten Spieldauer

CD 1: Harmonie in den Zellen.
Der Liebesstrom.

CD 2: Die Harmonisierung aller Energieströme.
Heilmeditationen für den Körper und das Gemüt.

Die Inspiration für die Meditationen und Gebete auf diesen beiden Tonträgern verdankt die Autorin den Intelligenzen aus höheren Bewußtseinsebenen, die sie in ihrem Buch *Mit Engeln beten* beschreibt.
Die in tranceähnlichem Zustand auf Band gesprochenen Texte helfen dem Meditierenden, Körper, Gemüt und Seelenbewusstsein zu stärken und die heilbringenden Energieformen der Engelwesen tief in sich aufzunehmen.

OM – der Lebensstrom

1 CD / 46 Minuten Spieldauer

Wie gewohnt erfuhr Silvia Wallimann den Text dieser Meditation intuitiv, und ebenso »hörte sie in lebhaften Bildern« die zugehörige Musik – eine Botschaft von ihren geistigen Freunden aus dem Lichtreich der Engel. Es wurde ihr bewußt, daß die Klänge nicht der bekannten, klassischen und vor allem in Asien oft gesungenen Form von OM entsprechen, sondern ausgewählte Aspekte des universellen Lebensstromes sind. Diese Meditation kann daher helfen, neue Aspekte der geistigen Wahrnehmung zu entfalten und die dazugehörenden Schwingungsbereiche zu harmonisieren.

Tamaron Verlag · CH-6078 Lungern · Schweiz